KB265438

진짜 민주주의

박종철출판사

진짜 민주주의

금민 지음
오준호 인터뷰

박종철출판사

차례

제1장 청년에게 필요한 것은 멘토가 아니다 9

금민을 만나다 11

시대에 귀환하기 위해 독일로 떠나다 16

진보/보수가 아니라 좌파/우파다 25

안철수를 어떻게 볼 것인가 33

한국정치, 어떻게 활력을 불어넣을 것인가 42

제2장 삶을 바꾸는 프로젝트, 기본소득 47

어떤 국가가 올바른 국가인가 49

바보야, 문제는 정치야 55

애국가 논란을 어떻게 볼 것인가 61

2012년 현재, 복지 운동을 돌아본다 65

모든 사람에게 기본소득을 74

기본소득으로 불안정노동을 해소하자 80

제3장 신자유주의의 파국, 무엇을 할 것인가 93

주주자본주의에 대한 통제냐 경제민주화냐 95

연기금으로 재벌 기업을 사회화하자 101

탈성장인가 다른 방식의 성장인가 110

유럽 재정위기의 해법은 '사회적 유럽' 115

1,100조 원의 가계부채, 장기간 지불유예를 요구한다 122

불안정노동자가 앞장서는 진짜 민주주의를 126

제4장 한국 정치 삼분지계三分之計를 말한다 133

북한을 어떻게 볼 것인가 135

한반도, 평화외교를 넘어 통일외교로 145

모병제가 대안인가 153

소수자 인권, 공존과 차이를 넘어 새로운 '우리'로 154

좌파정치는 '현실정치'다 157

정당정치와 비정당정치의 구분을 넘자 163

타원형 정당과 동심원형 정당 170

에필로그 인터뷰를 마치고 174

청년에게 필요한 것은 멘토가 아니다

01

청년에게 필요한 것은 멘토가 아니다

금민을 만나다

오준호　안녕하세요. 지금 직책이 기본소득한국네트워크 운영위원장, 그리고 진보신당 고문이시죠?

금민　예, 그렇습니다.

오준호　운영위원장이라 부르겠습니다. 운영위원장님은 2007년 대통령 선거에 후보로 나오셨지요?

금민　맞아요. 그때 사회당, 정확히 말하자면 한국사회당의 대표였고, 그 당의 후보로 대선에 출마했습니다. 내건 슬로건은 '새로운 진보, 담대한 제안'이었습니다.

오준호 그때 TV 토론회에 나오신 후에 네티즌들 사이에 '개념 금민'이라고 불리기도 했습니다.

금민 원내 의석 여부와 여론조사 지지율 5%를 기준으로, 본 토론회와 군소 후보 토론회로 나누더군요. 그래서 이명박, 정동영, 권영길 이런 후보들 따로, 나머지 후보들 따로 토론회를 했습니다. 이런 구분부터 말이 안 되죠. 기탁금은 똑같이 5억 원 냈는데 왜 차별하나요? 당원들이 힘들게 모은 돈인데 말입니다. 제가 이명박 후보와 같은 토론회 자리에 앉았다면 제대로 맞붙을 수도 있었을 텐데 참 안타까웠습니다.

오준호 그랬으면 2007년 대선에서 이명박 후보가 48.7%를 가져가 압도적으로 당선되는 걸 막을 수 있었을지도 모르겠네요. (웃음) 그때 이명박 후보의 득표가 2위인 정동영 후보의 두 배에 가까웠습니다. 하지만 전체 투표율은 역대 최저인 62.9%였지요. 지금 이명박 대통령의 지지율은 10% 내외입니다. 5년 전의 이명박 쏠림 현상의 원인이 무엇이었을까요?

금민 노무현 정부 후반기부터 신자유주의의 고용 없는 성장과 양극화에 민중들이 부글부글 끓고 있었습니다. 어떻게 보면 대선 시기는 신자유주의의 폐해에 대한 대중의 자각이 분명해진 때였습니다. 역설적이지만 이명박의 집권은 이 같은 상태의 귀결이라고 해석할 수 있습니다.

오준호 국민들이 신자유주의의 문제점을 깨달았기 때문에 도리어 이명박을 지지했다는 것인가요?

금민 그렇다고 봅니다. 비정규직이 늘고, 가계 빚은 커지고, 집값은 뛰고, 자영업자는 망하고, 삶은 나날이 팍팍해졌죠. 하지만 신자유주의 너머의 사회에 대한 대중의 정치적 상상력은 닫혀 있었습니다. 신자유주의를 종식시키고 다른 사회로 나아가는 길을 택하기보다 이전의 상태, 그러니까 성장률도 높고 고용도 안정적인 그런 시대로 돌아갔으면 하고 바란 거죠. 노무현 집권기에 성장률이 4.3%였는데 그것으로도 안 되니, 재벌 중심으로라도 더 많이 수출하고 더 많이 성장하자, 그러면 일자리도 생기고 내수도 돌아가고 생활이 나아질 것이다, 국민 대다수는 이런 기대를 가졌던 겁니다.

그런 중에 이명박이 일자리가 최고의 복지라고 말하고 7%, 8% 성장을 약속하니까, 사람들 입에서 절로 '옳소' 소리가 나오게 된 겁니다. 파이가 더 커져야 한다, 복지는 고도성장 후에나 되는 거다, 이렇게 생각한 것이죠. 누군가 나서서 이 환상을 깼어야 했습니다.

오준호 그래서 직접 출마한 건가요? '새로운 진보, 담대한 제안'을 내거셨는데, 당시에 하고자 한 이야기는 무엇이었습니까?

금민 지금까지와 같은 방식의 성장을 되풀이해선 안 된다는 게 전하고자 했던 메시지의 핵심입니다. 노무현 이전으로 돌아가서도 안 되고 그렇다고 이명박이 말하는 대로 신자유주의 맷돌을 더 빨리 돌려서도 안 된다, 성장 방식을 확 바꾸자, 보편적 복지를 통해 지속 가능한 성장을 하자, 이런 것이 제 주장이었습니다.

핵심적인 아젠다는 비정규직을 벼랑으로 몰아가는 불안정노동사회를 종식시키자는 것이었습니다. 그것을 위해 한 축으로는 기본소득을 제안했고 다른 한 축으로는 이해당사자 모델을 제안했습니다. 예를 들자면, 기업에 '노동자 공동결정제'를 도입할 것을 제시했고, 임금을 지급하는 직업교육체계 수립을 제시했습니다. 또한 의료, 주거, 교육, 보육, 노후 등의 영역에서 보편적 복지의 실시를 주장했고, 보편적 복지의 정점으로 기본소득을 주장했지요.

물론 당시 민주당 정동영 후보도 복지와 성장의 선순환을 말하긴 했습니다. 하지만 당장 살기 힘드니 복지가 필요하다, 이런 수준이 아니라, 경제체제를 어떻게 전환할 것인가에 관한 구상을 담대하게 밝혀야 했는데, 그러지 않았죠. 그래서 대중에게 민주당은 성장과 복지를 적당히 절충하는 것으로 비쳤고, 그럴 바에 확실하게 성장부터 하겠다는 이명박에게 더 끌린 거죠. 신자유주의의 폐해를 자각하면서 극단적인 신자유주의자를 지지하는, 앞뒤가 맞지 않는 역설적 상황이었습니다. 이 상황을 깨고 이후의 전망을 열려면 진보정당이 꼭 선거에 참가해야 했습니다.

오준호 당시 민주노동당 권영길 후보도 출마했습니다. 하지만 당시 금민 후보는 권영길 후보에 대해 비판을 많이 하셨는데요, 그 이유는 뭔가요?

금민 2007년에는 이미 진보정치의 위기가 수면 위로 떠오르고 있었습니다. 2004년 민주노동당의 원내 진출로 진보정치가 제도적으로 발돋움한 것처럼 보였는데, 그 원동력은 민주노총으로 대표되는 민주노조운동이었어요. 그런데 민주노총은 1997년 이후로 한 번의 혁신도 없이 줄곧 쇠퇴기에 있었습니다. 민주노총은 신자유주의에 제대로 대응하지도 못하고 비정규불안정노동을 끌어안지도 못했습니다. 바로 그런 민주노조운동의 위기가 시차적으로 민노당에 반영되고 있었습니다.

민노당이 원내 진출에 성공했으니 거꾸로 정당정치를 통해 민주노조운동을 강화하는 그런 선순환 구조가 이뤄졌어야 했는데, 현실에서는 오히려 민주노조운동과 정당정치가 점점 유리되어 갔습니다. 또 민주노총의 쇠퇴가 진보정당의 기반을 잠식해 갔고요. 양자 모두 비정규불안정노동자를 조직적 기반으로 붙잡지 못했고, 노동자 정치 세력화라는 것을 노조 간부의 의회 진출로 협소하게 바라보는 경향도 심해졌습니다. 게다가 권영길 후보는 '코리아연방공화국'을 핵심 아젠다로 들고나왔는데, 이건 신자유주의 종식과 무관한 아젠다였지요. 저는 진보정치가 이런 식으로 가다간 반드시 난파할 거라고 봤습니다.

저는 소수파인 사회당 후보였지만, 오히려 그렇기 때문에 진보정치의 위기에 대해 경종을 울리고 진보정치를 혁신하고 재구성하자고 설득할 위치에 설 수 있다고 생각했습니다. 진보정치의 미래를 열어야 한다고 보았기에, 당세가 약했음에도 불구하고 출마했습니다.

오준호 당시 금민 후보의 득표는 18,223표, 0.1%에 머물렀습니다. 허경영 후보보다 못한 결과였는데요, 결과가 충격적이지는 않았습니까?

금민 뭐 이명박 후보가 절반에 가까운 표를 가져간 게 충격이라면 더 충격이었지요. 제 득표 결과도 좋지는 않았지만 권영길 후보도 3%에 머물렀습니다. 진보정치 전체가 심각한 위기라는 것을 새삼 느꼈습니다. 진보정치의 고정표, 응결된 표가 사라졌다는 것, 바닥에서 다시 시작해야겠다는 것을 깨달았습니다.

그때 개인적으로 또 하나 크게 깨달은 것이 있습니다. 저는 옳은 이야기를 했다고 생각했지만 그런다고 국민이 다 받아들이는 건 아닙니다. 사실 정치는 거기서 출발하는 거겠죠. 그래서 사람들이 공감할 수 있게 효과적으로 적절하게 얘기할 줄 알아야 하는 거겠죠. 정치가답다는 건 그런 것이지요. 물론 우리가 국민의 의견을 들어야 한다고 할 때, 그건 국민 개개인의 의견이 죄다 옳다고 본다는 얘기는 아닐 겁니다. 하지만 한 사회에서 구성원의 평균적인 의식은 그 시기에 사회가 도달한 수준이라는 것을 인정해야 합니다. 진보적인 변화를 원하는 정치가라면 사회가 도달한 수준을 현실로 파악하고 인정할 때 비로소 구체적으로 개입할 수 있습니다.

이런 부분에서 제가 현실을 냉엄하게 알게 되었습니다. 자기가 옳다고 생각하는 것을 그냥 주장한다고 해서 현실이 바뀌는 건 아니구나, 현실은 엄격하구나, 그런 것을 알게 되었다는 것이죠. 좋은 결과가 나오지는 않았지만 저조한 득표가 제 자신을 단련시켰다고 생각합니다. 사람들이 놓여 있는 환경과 눈높이에서 말하고 길을 설정할 줄 알아야 한다, 그게 정치다, 이런 것을 깨달았습니다.

시대에 귀환하기 위해 독일로 떠나다

오준호 인터넷의 위키피디아에서 '금민'을 검색해 보면 이런 내용이 있습니다. 1985년에 고려대 법학과를 졸업한 후 "칼 마르크스와 과학적 사회주의에 관심을 가졌고 이를 깊이 공부하기 위해 독일 유학에 올랐다." 법대생이면 고시를 볼 생각은 하지 않았나요?

금민 대학에 들어갔을 땐 고시를 볼 생각이었는데 한 학기 다니면서 갈등이 생겼습니다. 법학 공부는 할 수 있겠지만, 이런 나라에서 고시를 볼 수 있는가, 공무원을 해도 되는가, 이런 의혹이 들었죠. 주변 친구들은 판사가 되면 소신껏 할 수 있지 않겠는가 하는 생각으로 고시 공부를 하기도 했고요. 1학년 땐 그 문제를 고민했지만 학생운동을 하면서 2학년 때부턴 별로 고민거리가 아니게 되었습니다.

유학을 떠난 건 도피적 성격이 있었습니다. 당시에는 그렇게 생각 안 했는데, 돌이켜 보니 그렇더군요. 학생운동 다음에 노동운동을 해야 하는데 그럴 수 없어서 도피했다기보다는, 오히려 제 자신의 상태, 중심을 잡지 못하던 삶에서 벗어나고 싶었습니다. 제가 4학년이던 1984년부터는 교내 시위로는 경찰에게 잡혀가지 않는 이른바 '유화 국면'이었는데, 제 삶이 어디론가 무작정 끌려가는 느낌을 떨칠 수 없었습니다. 당시 혼자 방황을 많이 했습니다. 크게 보면 시대의 흐름 속에 있는 것인데, 제대로 흐름을 파악하지도 못하고 제대로 함께하지도 못하고 있다는 생각을 골똘히 했던 것 같아요.

오준호 학생운동 또는 민주화운동이라는 거대한 흐름에 있었지만 그 속에서 자신의 존재 의미를 찾지 못했다는 건가요?

금민 현재는 늘 꽉 차 있는데 앞으로 나아가야 할 길이 뭔가? 이런 문제에 대해 혼자 질문을 많이 했고 답을 찾지 못했던 거죠. 시대 흐름에 던져져 있으면서도 그 속에서 방황한다는 느낌, 그걸 벗어나서 다른 경로를 통해 본격적으로 시대에 귀환하는 과정이 필요하다고 생각한 것 같습니다. 물론 당시에는 그런 생각보다는 뭘 좀 제대로 읽어 보고 싶다, 그런 생각이 강했는데, 나중에 생각해 보니 당시 제 심경이 그랬던 것 같아요.

오준호 그럼 유학을 갔을 때 어떤 확실히 붙잡고 싶은 주제랄까, 어떤 문제의식이 있었나요?

금민 일단은 제대로 공부를 하고 싶었죠. 이왕이면 독일에서요. 당시 한국에서는 금지되어 있던 맑스를 읽고 싶었습니다. 전공은 철학/정치학으로 한 번 바꿨다가 다시 법학을 계속 공부했습니다. 시험 때면 시험공부도 열심히 했고요. 나머지 시간은 맑스를 읽었습니다. 독일 학생들과 강독 모임을 했지요.

오준호 유학 기간이 얼마나 되었나요?

금민 석사 학위 얻으러 가서 4년 조금 못 되게 있었죠. 그 다음부턴 박사 학위를 위한 유학인지 체류인지 모를 정도로 9년 정도? 합치면 13년 정도 됩니다. 석사 학위 받고 돌아왔다가 2~3년 후에 또 나갔지요.

오준호 왜 중간에 귀국하셨나요?

금민 석사 학위도 받았고, 맑스의 주요 저작도 여러 번 통독했고, 독일 친구들과 4년 동안 세미나도 했고……. 그때는 젊었죠. 20대 후반이었으니까. 공부는 나중에 언제든지 다시 시작하면 된다고 생각했습니다. 기초 체력은 생겼다고 생각했거든요. 유학 떠날 때 생각했던 것처럼 시대에 복귀하는 것이 급선무라고 생각했습니다.

오준호 돌아오셔서는 어떤 일을 하셨습니까?

금민 돌아온 것이 1980년대 끝자락입니다. 1990년인가, 지금 진보신당의 안효상 대표와 몇 사람이 박종철출판사를 준비하는 중이었는데, 거기에서 맑스와 엥겔스의 저작을 번역하고 있었습니다. 한국에는 체계적으로 맑스의 저작을 번역한 곳이 없었던 때죠. 저는 번역 교열도 봐주고 그 사람들과 『자본』도 읽으며 지냈습니다.

오준호 그러다가 다시 독일로 간 건가요?

금민 출판사에서 함께하던 이들이 공부를 더 하는 것이 좋겠다고 조언을 하더군요. 저도 차분하게 한 분야를 파야겠다 싶어서 다시 독일로 떠났습니다. 두 번째 유학에는 목표가 있었습니다. 학문적인 목표도 있었고 막연하게는 학자가 되어야겠다는 직업적 목표도 있었습니다. 그런데 학문적 목표가 지나치게 방대했습니다. 스스로 너무 큰 목표를 설정했다고 할까요? 근대 초기의 정치철학을 연구하겠다는 생각으로, 17세기와 18세기의 정치철학을 분야로 정했습니다. 하지만 연구가 여기에만 한정되진 않았고요.

1990년대 초반에 공부하는 사람들이 대개 프랑스 철학에 경도되었는데, 저는 20세기 후반기 정치철학보다 근대 형성기 정치철학을 연구하는 것이 더 필요하다고 생각했습니다. 맑스 이전으로 돌아간 거죠. 그러나 현대 정치철학에도 꾸준한 관심이 있었습니다. 논문 주제와 무관하게, 서너 명이 맑스 이후의 좌파 철학을 주제로 자율적인 세미나를 진행했습니다. 그게 독일 체류 기간 내내 이어졌죠. 그중 한 명이 최근 베를린대학에서 박사 학위를 받았는데, 그의 논문이 우리 세미나에서 토론한 걸 토대로 13년 동안 쓴 겁니다. 그래도 아직 미완입니다.

오준호 그 자율적 연구의 주제는 뭐였나요?

금민 우리는 맑스의 『자본』 제1장, 즉 '상품' 장을 경제학 텍스트가 아니라 철학 텍스트로 읽으며, 맑스 사고의 틀 뒷면에 숨은 정치철학적 구조를 재구성하고자 했습니다. 이를 통해 맑스에 내장된 사회 비판의 원형을 드러낸다는 기획이었지요. 나아가 거기에 입각해서 현대 정치철학의 분기점들을 체계적으로 드러내고, 또 그것을 비판적으로 재구성한다는 것이었습니다.

오준호 말만 들어도 굉장히 어려운 작업 같은데요.(웃음)

금민 넷이서 이 작업을 일주일에 한 번씩 10년가량 했고, 제가 한국에 돌아온 다음에도 그 사람들끼리 계속 했습니다. 제가 가끔 독일에 가면 그 사람들이 작업한 원고를 같이 읽었습니다. 2006년 이후에는 제가 그 작업에 주되게 참여하지 못했지만, 2010년까지도 이메일로 논평하는 식으로 협력해 왔습니다. 제가 매달렸던 주제들에 대해 언젠가 책을 내겠다는 생각은 여전합니다.

오준호 유학 중에 힘들었던 일은 없었나요? 외로웠다든지.

금민 서른 중반쯤, 한동안 슬럼프에 빠진 적이 있어요. 뭐를 해야 할지 몰랐고 딱히 무엇을 할 의지도 없었고, 삶의 객관적인 좌표가 불분명해졌죠. 그때 제가 한 일은 이 책 저 책을 읽고 씨름하는 것이었습니다. 한 1년 '중독된 듯' 책을 읽었죠. 그 세월이 저를 교양인으로 재탄생시켜 주긴 했습니다만, 그런 기간을 일부러 가지려 한 건 아니에요. 자신의 실존적 문제를 유예했던 기간이었던 것 같습니다.

삶이란 뭐냐? 저는 삶은 지향이라고 봅니다. 목표가 있어야 하는 거죠. 인간은 신이 아니므로 아리스토텔레스가『니코마코스 윤리학』끝부분에서 이야기하는 관조적 인간, 즉 전지적 관찰자의 쾌락은 누릴 수 없어요. 그건 신의 몫이죠. 인간은 좌절 속에서 성공하거나 깨닫거나 목표에 다가갑니다. 이게 인간의 삶이죠.

오준호 목표를 찾지 못해서 괴로웠다는 말씀인데, 많이 괴로웠나요?

금민 음, 괴롭다는 것과는 달라요. 삶이 정지되어 있다는 느낌이랄까요? 목표를 잃었다는 느낌? 목표를 향해 다가갈 때는 일이 진척 안 되어 괴롭기도 하고 짜증도 나고 하잖아요? 그건 차라리 낫죠. 그건 치열하게 살고 있는 거니까요. 어디 휴가를 가서 노는데, 너무 오랫동안 휴가가 지속되면서 다른 것을 다 잊어버리고 휴양지에 주야장천 있게 되는 그런 느낌이었습니다. 그러면서, 대체 왜 이러고 있나? 나는 무얼 찾고 있나? 무얼 하려고 하는 건가? 이런 스트레스가 컸지요. 그걸 극복하는 데 일 년쯤 걸렸어요. 사람은 원래 자기가 누구인지, 무엇을 하고자 하는지, 그 일은 옳고 가능한지, 이런 것들을 질문하면서 성장합니다. 그런데 그것을 스스로에게 묻고 있지 않다는 사실을 알고 힘들었지요.

오준호 정치철학을 전공하셨으니 정치철학자로서 독창적인 성과를 내보이고 싶은 욕심도 있으시겠죠?

금민 지금의 저는 정치인이라고 생각하지만, 정치철학자에 대한 끈을 놓고 있지는 않아요. 젊을 때부터 이 문제로 씨름도 해 왔고요. 정치철학 전문학자, 말하자면 남의 텍스트를 충실히 해석하는 사람보다는 독창적으로 무언가를 하고 싶었던 야심만만했던 20대와 30대가 있었죠. 지금까지 연구한 것에 대해서라도 제대로 글을 써보고 싶긴 한데, 언제 시작할 수 있을지, 언제 독자와 공유할 수 있을지, 잘 모르겠어요. 그래서 정치철학자라는 규정은 소망이거나 미완의 규정인 것 같습니다. 언제 될 거라고 약속하기 어려운 일이죠.

오준호 존경하는 정치철학자는 누구입니까?

금민 좋아한다기보다는 중요하게 생각하는 정치철학자는 아리스토텔레스, 칸트, 헤겔, 맑스입니다. 맑스는 엄밀히 말해 정치철학자는 아니지만, 어쨌든 모두가 각각 다른 지점에서 인류 지성의 발전에 크게 기여한 사람들이죠.

학생이나 청년들이 정치철학을 공부하고 싶다면, 플라톤의 「대화」 편 읽기를 추천하고 싶습니다. 생각의 힘을 기르는 데 도움이 됩니다. 뒤에 훨씬 더 세련된 논리로 전개되지만, 현대의 철학이 다 그 글에서 제기된 문제들로부터 시작되죠. 뒤집어 말하면 플라톤은 매우 거칠게 문제를 제기한 것이지만, 철학적 혁명이라는 건 결국 누군가 거칠게 제기한 것을 새롭게 전개함으로써 답을 끌어내는 과정입니다.

오준호 금민은 ☐다, 여기에 답한다면?

금민 시인이고 또 군인입니다.

오준호 시인과 군인은 참 다른 것 아닌가요?

금민 고대의 군인은 시인이기도 했죠. 장군이 훌륭한 웅변가이고 시인이었고, 고대 로마에서는 대장군의 자질에 시를 쓰는 게 들어갔습니다.
시인이라고 말한 것은, 제가 어디서 연설을 할 기회가 있으면 짧고 명증하게 하려고 한다는 것입니다. 산문적이지 않아요. 간단하고 명쾌하게, 논증적이지만 축약해서 말하려 합니다. 스토리텔러storyteller 기질이 떨어진다는 것이지만, 평소에도 짧고 분명하게 말하려는 습관이 있습니다. 대단히 직관적이기도 합니다.
군인이라고 말한 것은 전략적으로 사고하려 한다는 거죠. 목표가 뭐냐, 해법은 뭐냐, 경로는 뭐냐, 이런 걸 항상 생각합니다. 원래 그랬다기보다는 사회구성원으로서 살아가다 보니 군인의 기질을 얻은 거고, 개인으로서는 산문가보다는 시인이죠.
그래서인지 솔직하게 짧게 이야기하는 스타일의 사람을 좋아합니다. 간결하고 정리된 사람이 소통하기에 편해요. 복잡한 얘기라도 한 호흡 쉬면서 정리해서 이야기하는 걸 좋아합니다. 반대로 알맹이는 없으면서 수사修辭만 많고, 말은 엄청나게 긴데 들어도 무슨 말을 하는지 잘 이해가 안 되는 사람과 만나면 좀 불편합니다.

오준호 롤 모델이랄까요, 존경하는 인물이 있습니까? 젊은 시절에

금민 젊은 시절에는 많은 사람을 존경했습니다. 어떤 시대에는 누구, 어떤 측면에서는 누구, 이런 식으로요. 물론 맑스를 존경했습니다. 단지 학자로서가 아니라 초창기 운동의 지도자이자 정치가로서도 좋아했지요. 맑스의 전통 위에 서 있었던 카우츠키, 레닌, 그람시도 맑스만큼은 아니지만 존경했고요. 인간으로 좋아했던 사람은 파블로 네루다 Pablo Neruda였습니다. 칠레의 시인이자 사회주의 정치가였던 네루다요. 시인으로서뿐만 아니라 한 인간으로도 좋아할 만하다고 생각했어요.

오준호 시를 좋아하시나요? 하나 추천하신다면?

금민 좋아했지요. 옛날에는 많이 외웠습니다. 나이가 들면서 이 구절 저 구절이 엉켜서 제대로 못 외우지만. 전체를 암송할 수 없지만, "시가 날 찾아왔다"는 구절이 담긴 파블로 네루다의 작품을 추천하겠습니다.

오준호 지금 독신이신데, 결혼이나 육아의 경험은 없으신가요?

금민 연애는 많이 했지만, 결혼 생활은 짧게 끝나는 바람에 특별히 할 이야기가 없어요. 3주 만에 끝나서. 그래서 육아 경험도 없습니다. 조카들을 통해 간접 체험한 정도죠.

오준호 조카들에게는 인기가?

금민 어려운 큰아버지고 외삼촌이죠. 만나면 글짓기를 시키고.

오준호 글짓기를 시킨다고요? 잘 쓰면 상도 주시나요?

금민 상을 주긴 하지만 못하면 야단을 치죠. 아무튼 글을 쓰게 합니다. 조카들이 아주 어릴 때부터 만나면 글을 쓰게 했어요. 학교생활이나 자기 경험에 대해, 아니면 읽은 책에 대해. A4 한 장을 앞뒤로 채우게 합니다.

오준호 즐기시는 취미나 운동이 있으십니까?

금민 듣는 건 다 좋아합니다. 음악도 가리지 않고 듣고요. 유학 시절에는 강연회, 콘서트, 시 낭송회 가는 걸 되게 좋아했습니다. 명사 초빙 특강, 이런 데는 꼭 갔죠. 들은 걸 읽은 것보다 훨씬 많이 기억하는 편입니다. 철학책도 오디오 북으로 많이 듣습니다. 호모 아우디엔스_{homo audience}라고 할까요?

운동은 과거에 수영을 좋아했는데, 마흔이 넘어가면서 많이 못했습니다. 자유형과 평영을 했고 배영은 운동량이 떨어지는 것 같아 안 했고요. 그땐 수영이 편한 운동이라고 생각했는데, 2~3년 해 보니까 그렇지도 않더군요. 요즘에는 근육운동에 관심이 많습니다.

진보/보수가 아니라 좌파/우파다

오준호 그 유학과 공부의 기간이 본인의 사상 체계를 세우는 데 도

움이 되었겠지만, 한국과 너무 오래 떨어져 있었던 것은 아닌가요? 한
국을 이해하는 데 어려움이 있지는 않았습니까?

금민 실제 좀 그랬습니다. 2001년에 한국에 들어왔을 때는 한국이
참 많이 바뀌었다고 생각했습니다. 그 7~8년 동안 무척이나 급격한 변
화가 있었습니다. 그런데 한국의 발전은 균질하지 않았습니다. 앞서 나
간 어떤 측면을 기준으로 전체를 파악하면, 어떻게 아직도 이런 일이 있
을까 하는 당혹감에 부딪쳤어요. 압축적으로 발전한 사회다 보니 여러
지층이 공존하고 있었습니다. 1950년대 반공주의의 잔재도 있고, 1960
년대 개발독재의 찌꺼기도 있고, 또 한쪽은 포스트모던하고……2001년
에는 이런 불균질성不均質性을 잘 이해하지 못했습니다.

오준호 2001년에 귀국하셔서 어떤 일을 하셨나요?

금민 사회당 정치연수원장을 맡았습니다. 당시 충남 부여에 정치연
수원이 있었는데, 당 활동가들이 몇 달씩 묵으면서 공부도 하고 토론도
했습니다. 2003년부터는 지금은 돌아가신 김진균 선생님을 모시고 여러
진보적 교수들과 사회비판아카데미를 만들어 활동했지요. 그 뒤로 인터
넷 언론『프로메테우스』의 주필로 있으면서 한국 사회에 대해 분석하고
개입하는 일을 계속했습니다. 그 후에 당 강령을 기초했고, 2006년 말에
는 당 대표가 되었습니다.

오준호 그러시다가 2007년 대선 후보로 출마하신 거로군요. 대선 이
후엔 어떤 활동을 했나요?

금민 대선 후에 제가 주력한 것은 기본소득네트워크 활동이었습니다. 그리고 정치활동이죠. 2010년 은평을 재선거에 출마했고, 그 후 진보신당과 사회당의 통합에 관여했습니다. 은평 선거는 2007년에 제가 얘기한 대로 진보정치를 재구성할 마지막 기회였다고 봅니다. 진보정치를 혁신할 것인가 아니면 좌파정치로 전환할 것인가, 이런 기로에 있었죠.

기본소득네트워크는 기본소득지구네트워크의 한국 모임 형태로 활동하면서 좌파 대안을 수립하고 확산하는 일을 했습니다. 단체의 정확한 이름은 기본소득한국네트워크입니다. 곽노완 교수, 강남훈 교수 등의 연구 성과가 많이 축적되었습니다. 국내 또는 국제 학술 대회를 통해 기본소득에 대한 사람들의 관심이 조금씩 확산되었습니다. 기본소득의 지지자들이 늘면서 2010년 지방선거에는 기본소득 정책을 지지하는 후보가 약 서른 명 출마하기도 했습니다. 주로 사회당, 진보신당, 민주노동당이었죠.

오준호 그렇군요. 이제 현실정치에 대한 견해를 들어보겠습니다. 최근에 『좌파당의 길』을 발간하셨는데요. 책을 내게 된 동기가 궁금합니다.

금민 이렇게 시작해 보죠. 최근 제게 큰 인상을 남긴 두 가지 사건이 있는데, 그게 무엇인지 물어봐 주세요.

오준호 최근에 큰 인상을 남긴 사건이 뭔가요?

금민 그 사건들은 어쩌면 전율적인 만남이었습니다. 하나는 2011년

9월말 월스트리트Wall Street 점령 시위입니다. 유튜브YouTube에서 VOX라는 방송국이 찍은 동영상을 봤는데, 1980년대 이후의 금융자본주의가 끝났다는 확신이 들었습니다. 이 영상이 준 전율은 2001년 알카에다 테러가 일어났을 때, 즉 비행기가 날아가다 빌딩에 부딪치는 장면을 봤을 때와 비교할 만합니다. 그때 저 사건이 10년을 결정할 것이라고 느꼈습니다. 실제 테러와의 전쟁, 신우익의 등장, 그렇게 10년이 흘러갔습니다. 월스트리트 점령도 향후 10년간 세계정세의 흐름을 결정할 것이라 봅니다.

두 번째는 그리스의 급진좌파연합, 곧 시리자ΣΥΡΙΖΑ가 준 인상입니다. 그들이 27%를 받고 제2당까지 발돋움하는 걸 보면서 놀랐고, 내 자신의 인식과 정치적 상상력이 확장되었습니다. 급변기에는 저런 군소 좌파도 집권의 문턱까지 성장할 수 있구나, 이제 세계정세가 격동기에 도달했구나, 하는 느낌이었습니다. 이 두 사건이 『좌파당의 길』을 쓰게 된 이유였다고 볼 수 있죠.

오준호 그 책에서 이제는 정치 세력을 진보/보수가 아니라 좌파/우파로 나눠야 한다, 이렇게 주장하셨지요? 그런데 한국에서는 '좌파'에 대해 유별난 콤플렉스가 있지 않습니까? 또 좌파란 말은 무척 다양한 스펙트럼으로 규정되기도 하죠. 노무현을 좌파라고 부르기도 하고(웃음). 어째서 진보가 아니라 좌파라고 하는 건가요?

금민 통상적으로는 진보와 좌파가 구별 없이 쓰입니다. 재미있게도 우파는 진보세력에게 좌파라고 이름을 붙이면서 정작 자신들을 우파라고 하진 않아요. 보수 또는 합리적 보수라고 말하지. 말씀하신 대로 한국 언론은 노무현 정부까지도 좌파라고 얘기하고요. 이런 식으로 좌파라 할 때는 일종의 가치 폄하가 묻어 있습니다. 진보라는 말은 좀 점잖게 쓰는 말이고, 좌파는 상대를 굉장히 전복적이고 선동적인 집단, 혹은 뭔가 문제 있는 집단이라고 낙인찍을 때 사용하는 말이죠. 보수라는 단어도 우파라고 할 때보다 뭔가 우아해 보이는 어감이 있습니다. 하지만 좌우가 아니라 보수와 진보로 나누는 것 역시 언론의 수사학修辭學일 뿐입니다. 게다가 언론이 말하는 진보는 경계가 불분명해요. 사실 진보는 원래부터 경계가 불분명한 개념입니다. 그러니까 민주통합당부터 진보신당까지 다 포함되는 거죠.

그런데 진보라고 할 때는 무엇을 의미하는 것이냐? 한국은 추격자 모델로 압축적으로 발전한 사회입니다. 압축적으로 발전하려면 롤 모델이 필요하죠. 그때의 표준이 미국식이냐 유럽식이냐가 다를 뿐입니다. 진보라고 할 때는 롤 모델이 있고 그걸 빨리 따라잡자는 걸 전제합니다. 어떤 모델이냐, 어느 정도 속도로 따라잡을 것이냐에 따라 얼마만큼 진보적이냐가 결정되죠. 그러니 누가 더 진보적인지는 상대적일 수밖에 없습니다. 대중의 의식이 아직 성장해 있지 않으니 대중보다 한발만 앞서 가는 게 '대중적인 진보'라는 식의 얘기도 나오고요.

그럼 우리가 스스로를 좌파라고 부를 건가 진보라고 부를 건가? 좌파가 맞다는 겁니다. 언론의 혐오감이 묻어난다 해도 좌파라고 불러야 합니다. 단순히 표현의 자유가 있으니까 그렇게 말해도 된다, 그런 걸로는 부족합니다. 오히려 문제는 경계가 불분명한 진보 개념에 있습니다. 뭔가 발전된 사회가 있어서 그 뒤를 쫓아가기만 해도 정상적인 사회 발전이 이뤄질 때라면, 진보라는 개념을 쓸 수 있습니다. 하지만 전 세계가 공황기에 들어섰고, 현존하는 어떤 사회를 한국 사회가 따라잡아야 할 목표로 삼기는 힘들어졌습니다. 이때 진보라는 개념은 부적절합니다. 진보는 시계열時系列 개념인데, 지금 과연 어디를 향해 진보해야 한다는 것인가요?

오준호 진보는 어떤 모델을 추구하는 개념이다, 그런데 지금은 더 이상 추격해 갈 확실한 모델이 없는 시대다, 그건가요?

금민 네. 새로운 대안들이 분출하는 격동기에 진보 개념은 효과적이지 않습니다. 좌우로 나눌 때, 이는 역동적이고 적나라한 역관계를 의미합니다. 예컨대 한국은 우파 일색이다, 한국의 좌파는 질식 직전이다, 이렇게 말하는 게 힘의 객관적 관계를 노골적으로 드러내죠. 내가 당신보다는 진보적이야, 이런 말보다는 넌 좌파냐 우파냐, 이런 말이 격동기에 어울립니다.

어떻게 보면 진보와 보수는 한국 사회의 특수성을 반영합니다. 공통의 목표가 있고 접근 속도와 관련해서만 차이가 있다고 할 수 있어요. 더 빨리 가면 진보, 천천히 가면 보수. 그런데 세계공황이 다가오는 지금, 그와 같은 공통 목표가 있을까요? '공동체의 행복' 같은 추상적인 가치가 아니라면 사회적으로 실현하려는 공통의 프로그램이 있을까요? 전 아니라고 봅니다.

오준호 진보든 보수든 공통의 목적이 있고 그것이 대략 서구 복지국가라고 할 때, 그 목표로 가는 데 조금 빠르고 늦고의 차이만 있다는 거군요. 그렇다면 좌파와 우파를 구별하는 경계선은 무엇인가요? 자본주의에 대한 태도인가요?

금민 거기까진 아니고요, 신자유주의에 대한 태도라고 봅니다. 신자유주의는 자본주의의 현재적 형태입니다. 우파는 신자유주의를 유지하고 강화하려는 입장이고, 좌파는 신자유주의를 종식시키려는 입장입니다. 중간파는 그것을 보완하고 개혁하려는 입장이고요. 좌파냐 우파냐 하는 것은 어떤 심층적 구분이라기보다 역사적 구분이고, 따라서 현 시기의 과제에 대한 태도로 나눠야 하죠.

오준호 그럼 가령 통합진보당이나 통칭 '민주진보세력'으로 불린 사람들은 좌파인가요 우파인가요?

금민 중간파입니다. 신자유주의의 폐해를 시정하고 보완하려는 사람들이죠. 신자유주의 자체의 종식이 목표가 아니라 그로 인해 발생하는 문제점들만 고치는 게 그들의 목표입니다.

오준호 지금까지는 폐해의 시정이라도 그나마 의미가 있지 않았나요?

금민 있었죠. 지금까지는 중요한 의미가 있었다고 할 수 있습니다. 하지만 이제는 그렇지 못합니다. 왜냐하면 2008년 이후 신자유주의 체제는 위기로 들어섰고 향후 10년 내외에 신자유주의 체제가 붕괴될 텐데, 문제는 이 상황에 적극적으로 개입해 새로운 사회로 전환해야만 한다는 겁니다. 그런 전환에 실패하고 그저 문제를 시정만 하고 있다간 다가오는 파국을 막을 수 없습니다. 지금 해일이 밀려오고 있어요. 그런데 우산만 펼치고 있어서 되겠습니까? 중간파는 지금처럼 복지 조금씩 늘리고 법과 제도 조금 바꾸고 해서 신자유주의의 폐해를 없앨 수 있다고 착각하고 있습니다.

오준호 좌파가 정치 세력으로 등장하여 신자유주의 종식을 목표로 행동해야 파국을 막을 수 있다는 건가요?

금민 지금 유로존Eurozone의 위기에 대해서도 저는 이렇게 생각합니다. 신자유주의 유럽을 유지하는 한 파국은 피할 수 없고, 다른 유럽으로 전환할 때 유로존을 지킬 수 있습니다. 지금 유로존은 신자유주의 유로존이죠? 그럼 뻔하죠.

저는 좌파가 파국을 넘어 새로운 시대를 여는 정치적 주체가 되어야 한다고 생각합니다. 사태를 냉엄하게 이해하고 문제점을 지적하고 대안을 제출하고 동의를 결집시켜야죠. 만약 이 상황에서 다음 시대로 나아가는 정치 세력이 없다면, 경제가 붕괴할 때라도 결코 더 나은 사회가 올 수 없습니다. 오히려 심각한 사회적 갈등, 폭동이 일어날 것이고, 심지어 전쟁이 일어날 수도 있습니다. 작년에 런던에서 시작되어 버밍엄과 리버풀로 확산되었던 폭동을 보세요. 이대로 가면 인종적 갈등이나 종교적, 문화적 갈등이 커질 거고, 자칫하면 파시즘이 올 수도 있습니다.

오준호 좌파의 정체성을 '신자유주의 종식'으로 말씀하셨습니다. 그런데 일반적으로 우리 사회의 진보적인 사람들은 조금 가벼운 의미로 나 좌파야, 혹은 우스개로 좌빨이야, 이렇게 말하기도 합니다. 스스로 좌파라고 생각하지만 신자유주의에 대한 명확한 입장까지는 없는 대중에게도 지금 말씀하신 좌파의 정체성은 지지를 받을 수 있을까요?

금민 물론 당신은 왜 좌파냐고 물으면 백이면 백 다른 이유가 나오겠죠. 하지만 그 백 사람에게 원하는 게 무엇인가 물어보면 대답은 결국 신자유주의의 종식일 겁니다. 뭐 표현은 다르겠죠. 정리해고와 비정규직 없는 세상이라든지, 가계부채 걱정 없는 세상이라든지. 그런데 이런 것들이 신자유주의 체제에서 폭발한 것 아닙니까? 그래서 스스로 좌파라고 한다면 같은 목표를 가진다고 할 수 있죠. 또 신자유주의 이후에 어떤 사회가 오길 원하느냐, 여기에 대해서도 백 사람의 의견은 다 다를 겁니다. 그러나 현존 체제를 종식시키지 않고는 그 어떤 사회로도 나갈 수 없죠.

오준호 꼭 신자유주의라고 표현하지 않더라도 실업, 해고, 부채 등 등 신자유주의에서 발생하는 문제를 끊어 내려는 사람들은 좌파라고 부를 수 있다는 거군요.

금민 예. 정리해고 없고 비정규직 없는 세상은 신자유주의 종식 없이는 이뤄질 수 없습니다. 물론 파견법을 폐지한다든지 비정규직 사용에 사유 제한을 둔다든지 하는 것도 필요하지만, 그걸로 비정규직이 없어질 수는 없죠. 좌파는 폐해들을 시정하는 정도가 아니라 신자유주의 자체를 없애 버리려는 사람들입니다. 직관적으로라도 이 체제의 종식이 긴급하다고 이해하는 모든 사람은 곧 좌파입니다.

안철수를 어떻게 볼 것인가

오준호 현실정치로 들어가 보겠습니다. 안철수 현상에 대해 얘기해 보고 싶네요. 정치 경험이 전무한 안철수 원장이 작년 서울시장 선거에 등장해서 돌풍을 일으키더니 올해는 유력한 대선 후보가 되어 있습니다. 어떤 분은 경제 규모 세계 10위권의 나라에서 이런 일이 벌어지는 게 경이롭다고도 하던데요.

금민 이미 많은 분들이 분석한 문제이긴 합니다. 먼저, 안철수 원장은 소위 보수층에서도 일정한 지지를 받고 있습니다. 보수층이 볼 때 한국의 집권 세력이 너무 낙후해 있어 대안이 필요하고 그 대안은 기존 정치의 밖에서 나오는 게 좋을 것이어서, 오피니언 리더 사이에서 안철수 대망론이 있어 왔습니다. 새누리당이 포괄하지 못하는 보수 지지층이 거기에 있습니다. 두 번째로 지적할 것은 기성 질서 안에서 정치적 주소지를 찾지 못한 청년층이 안철수와 인격적 일체화를 시도한다는 점입니다. 기성 정치에서 배제된 사람들의 인격적 일체화는 과거에 호남은 김대중, 386은 노무현, 이런 식으로도 이뤄졌습니다. 지금 청년층은 안철수의 잠재력이 되었습니다.

오준호 그럼 청년층이 안철수에게 왜 기대를 거는 걸까요?

금민 결국 '성공 신화'라고 봐요. 안철수는 패자부활전 스토리를 갖고 있죠. 패배를 두려워하지 말라고 하고, 좌절하지 말라고 하고, 실패를 성공의 어머니로 삼는 불굴의 정신을 말하고, 청년 창업자 마인드를 이야기합니다. 안철수의 공약은 실패해도 다시 일어날 기회를 제공하겠다는 말로 요약됩니다. 20대 청년들이 볼 때 받아들일 만한 이야기죠. 우리 사회 청년들은 사실 연대보다 경쟁 속에 살아왔고, 자신의 개인적 성취를 위해 고군분투하고 있습니다. 이들 청년에게는 연대의 메시지보다 열심히 싸워라, 그러다 실패해도 재기하면 된다, 이런 메시지가 솔깃할 수 있죠.

오준호 안철수 원장이 등장하니까 여야를 가리지 않고 안철수의 정치 경험 부족을 비난하고 나섰습니다. 무소속 후보가 정당정치를 훼손한다는 비난도 있고요. 이에 안철수 원장의 지지자들은 당신들이 정당정치를 잘했으면 안 원장이 나왔겠냐고 반박하고 있죠.

금민 한국의 정당정치는 불안정하죠. 새누리당, 민주당 모두 정체성이 모호한 정당들이고요. 기본적으로 정당 체제라고 이야기할 때 어느 나라나 우선 좌우 구도입니다. 그런데 한국에는 좌우 구도가 정착되어 있지 않아요. 그런 불안정성이 선거에 그대로 반영됩니다. 2007년 대선에서는 유한킴벌리 사장 문국현이 표를 모으지 않았습니까? 그런데 안철수 현상은 문국현 현상과는 또 달라요. 문국현이 권영길 민노당 후보의 표를 빼앗아 간 정도라면, 안철수는 아예 유망 대권 후보로 떠오르고 있잖아요?
  그럼 이게 뭘 의미하는가? 저는 현존하는 질서가 더는 유효하지 않다는 대중의 직관이 표현된 것이다, 이렇게 봅니다. 신자유주의 시대는 끝났다는 대중의 본능적 직관이 표현되고 있는 거죠. 그래서 안철수가 과거의 제3후보와는 달리 1등까지 바라보고 있죠.
  그러나 안타깝게도 대중은 자기가 열망하고 있는 것이 정확히 무엇인지 인식하고 있지는 못해요. 그래서 대중의 열망이 안철수라는 이미지와 연동하는 일체화가 일어나고 있습니다. 이명박이 수단과 방법을 가리지 않고 양을 늘려 줄 것 같은 CEO였다면, 안철수는 공정하고 우아하게 질을 높여 줄 것 같은 CEO, 그런 이미지지요. 하지만 중요한 건 대중의 본능이 이미 시대의 위기와 변화를 간파하고 있다는 것입니다.

오준호 대중은 직관적으로 지금과는 크게 다른 시대적 변화를 요구하는데, 엉뚱하게 안철수가 호출된 셈이네요.

금민 대중은 신자유주의 질서에 대해서 아프다, 못 살겠다, 지속될 수 없는 일이다, 이렇게 말하고 있습니다. 새로운 시대가 와야 한다는 것이겠죠. 그런 대중의 인식과 안철수의 프레임은 일정하게 겹칩니다. 그런데 저는 안철수의 프레임은 결국 감언이설이라고 봅니다. 대중을 현혹시키는 프레임에 불과하죠.

대중이 안철수에게 원하는 것은 변화입니다. 그 변화는 사회경제의 획기적 변화죠. 그러나 안철수가 제시하는 것은 화해와 절충입니다. 지금은 새로운 것이 탄생해야 할 때이지 윗돌 빼서 아랫돌 괴듯 절충해서 꾸려갈 수 있는 때가 아니에요. 안철수가 집권한다 해도 바로 환상이 깨질 겁니다. '이명박 현상'이 올 거예요. 이명박 후보가 50% 가까운 지지로 집권했지만 바로 '촛불'이 터졌잖아요.

오준호 대중이 안철수를 불러냈지만 안철수는 대중이 원하는 것을 줄 수 없을 것이라는 말씀인가요?

금민 안철수는 신자유주의 종식이라는 대중의 직관을 받아들일 수 없어요. 안철수가 말하는 도전하는 사회, 패자도 부활할 수 있는 사회,

좋죠. 하지만 막연합니다. '안전판이 있는 경쟁'이라는 건데, 이건 '뜨거운 얼음' 같은 형용모순이죠. 게다가 사실 안철수의 강조점은 경쟁에 있습니다. 그건 대중의 연대 의식을 억제하는 허상과 같습니다.

오준호 강준만 교수가 쓴 『안철수의 힘』을 보니까, 안철수가 '증오의 정치'를 종식시킬 적임자라고 합니다. 진보니 보수니 하는 진영 논리로 늘 치고받는 것이 이젠 싫다, 우리에겐 위로가 필요하다, 이런 사람들에게 안철수가 대안이 된다는 거죠. 이건 어떻게 보시나요?

금민 안철수의 대안은 구체적이지 않고 불분명합니다. 그의 해법은 적을 공격하는 게 아니라 자신을 긍정적으로 등장시키는 것입니다. 또 안철수는 오늘날 유행하는 '힐링 코드healing code'를 대변하는데요, 이게 더 위험합니다. 신자유주의에 억압받고 배제된 자들을 힐링하려면 불안정노동사회를 철폐해야죠. 그래야 숨을 쉬죠.

힐링 코드는 마약을 파는 겁니다. 힐링 코드가 유행하는 건 이 시대가 신자유주의 종식기라서 그래요. 대중의 피로도가 극도로 커졌고, 뭔가 큰 변화를 갈구하죠. 이 피로가 뭔가 치열한 갈등 때문에 생긴 것인데도, 그 갈등을 그냥 놔두고자 한다면 그게 될까요? 갈등의 원인이 무엇인지 파헤쳐서 그걸 해결해야 갈등도 없어지고 피로도 사라지죠. 치유의 마약을 파는 건 갈등을 덮어두는 것에 지나지 않죠.

오준호 안철수는 소통과 통합을 강조합니다. 소통과 통합을 통해 갈등을 해소하고 공정한 사회를 만들자는 주장인데요.

금민 문제 해결 없이는 대등한 소통, 해방적 소통은 없어요. 적어도 역사적 시공간에서는 불가능해요. 우리가 열흘 동안 어떤 문제로 토론 한다면 열흘 뒤에는 결론을 내려야 합니다. 열흘째가 다가오는데 결론 으로는 조금도 다가가지 않고 소통만 계속 하자고 하면 될까요? 그건 '소통 절대주의'라고 할 수 있습니다. 워낙 '불통'인 대통령이 통치하 다 보니까 소통이 만능이 되어 버렸습니다.

저와 친한 청년들이 제게 안철수에 대해 물으면 전 이렇게 답합니다. '당신에게 필요한 것은 멘토가 아니라 기본소득이다.' 스스로 서고 제 머리로 생각하게 만들어 주는 사회적 조건이 절실한 거지 멘토가 절실 한 게 아니죠.

오준호 안철수도 그렇고 민주당 후보들도 보편적 복지를 강조하고 있습니다. 이들도 사회적 약자들이 제 발로 설 기회를 마련해 주고자 한 다고 볼 수 있지는 않을까요?

금민 본격적인 복지 논의로 들어가면 더 할 얘기가 많겠지만, 앞서 도 얘기했듯이 지금은 1990년대에 반짝했던 신자유주의 호황기가 아니 라 불황기, 그것도 공황기입니다. 한국 경제만 아니라 세계 경제에 적신 호가 들어왔어요. 보편적 복지를 강조하는 걸로는 별 의미가 없습니다. 워낙 무너지는 사람들이 많다 보니 박근혜도 복지 얘기를 안 할 수 없 죠. 문제는 보편적 복지를 어떻게 실현할 것인가이고, 과거와는 실현 전 략이 달라야 한다는 겁니다.

복지 확대는 경제체제의 전반적 재구성과 함께 얘기해야 합니다. 여 기서 좀 절약하고 저기서 조금 더 뜯어내는 것은 호황기에는 될지 몰라도, 지금은 그런 식으로는 복지 설계 자체가 불가능해요. 복지를 하려면 지금과는 다른 경제체제를 수립하자, 이게 좌파의 생각이죠.

오준호 과거에는 진보적인 대안으로 여겨진 것들이 지금은 이미 진보적이라고 할 수 없다, 해결책이 될 수 없는 대안을 안철수가 나타나서 해결책처럼 이야기한다, 이런 건가요?

금민 안철수, 민주당, 새누리당 모두 금융거래세 얘기하고 비정규직 축소 얘기합니다. 금융거래세는 2007년 제 대선 공약 중 하나였어요. 그 당시만 해도 금융거래세를 금융자본의 이동 속도를 완화시키고 자본 총량도 줄일 수 있는 진보적 대안이라고 주장한 것은 좌파였습니다. 그런데 지금은 독일의 메르켈Angela Merkel과 프랑스의 사르코지Nicolas Sarkozy도 같은 주장을 합니다. 상황이 바뀌었어요. 지금이 어떤 시대인지의 문제부터 분명히 해야 합니다. 지금 세계는 파국이냐 아니냐의 갈림길에 서 있습니다. 둑에 구멍이 손가락만 할 때는 호미질이면 되지만 금이 가서 무너지기 직전인 지금은 가래질을 해야 해요.

오준호 만약 안철수가 민주당과 단일화하고 진보신당에서도 대선 후보가 나온다면, 유권자들에게 뭐라고 이야기할 건가요? 특히 안철수를 지지하는 청년들에게는?

금민 환상을 깨자고 해야죠. 청년을 현혹시킬 또 다른 주술呪術을 대면할 게 아니라, 현실을 정확히 이해하고 맞닥뜨리고 넘어서야 한다고.

오준호 그럼 민주통합당 후보들에 대해서는 어떤 평가를 내리십니까? 사실 문재인 후보도 기존의 정치권 바깥에 있다가 올해 비로소 들어온 셈인데, 지금은 적어도 민주당 내에서는 앞선 주자가 되었죠.

금민 문재인 후보는 스스로의 정치 프레임을 만들지 못하고 노무현에 기댔습니다. 그게 문재인의 지지 기반인 동시에 성장을 가로막는 틀이죠. 만약 노무현 대통령이 아직도 생존해 있다면 소위 '노무현 신화'는 수립되지 않았을 겁니다. 정치는 현실의 싸움인데, 이를 신화의 영역으로 옮겨 간 것은 정치의 후퇴라고 봐야겠지요.

오준호 문재인은 청와대 재직 시절을 회고하면서 어떤 책에서 이라크 파병에 대해 이렇게 얘길 하더군요. 노무현 대통령은 파병에 원칙적으로 반대했지만 미국의 압박과 북미 관계 때문에 어쩔 수 없이 파병에 응했다, 국정을 해 보니 현실이 그랬다, 진보세력이 파병을 비난하는 것은 이런 현실을 잘 모르기 때문이다, 뭐 이런 이야기입니다.

금민 국정을 통해 자신의 가치를 실현해야지, 국정 현실을 자신의 가치를 포기할 변명거리로 삼아서 되겠어요? 그건 정치적 무능일 뿐이죠. 국가가 할 수 있는 일이 여전히 많은데도 노무현 정권은 권력이 시장이 넘어갔네 하면서 실제로 권력을 내줬죠. 그건 결국 삼성에 권력을 준 겁니다. 물론 한미 관계는 1953년 정전협정 이후 계속된 뿌리 깊은 기본 질서여서 다른 문제보다 건드리기가 쉽지는 않습니다. 노무현 정부는 이라크 파병을 통해 한미일 삼각동맹으로 가는 기초를 놓았습니다. 결국 이명박 정부의 길을 노무현 정부가 닦아 준 셈입니다.

오준호 민주통합당은 총선에서 지고 다시 친노 세력이 당권을 장악했습니다. 이해찬 대표는 '패역무도한 정권을 끝장내자'고 호소했지만 국민들은 민주통합당에 큰 기대를 걸지 않는 것 같습니다. 민주통합당이 어째서 지지를 못 받는 걸까요?

금민 퇴행하는 정치를 하니까요. 자신이 어떤 미래를 원하는가, 이런 전망을 노골적이고 대담하게 드러내야 하는데, 노무현에 기대 떡고 물만 누리려고 합니다. 지난 총선만 해도, 2013년에 어떤 체제를 만들 것인가를 가지고 대중의 긍정적 에너지를 동원했어야 했죠. 그런데 이명박 심판론으로 재미를 본 2010년 구도에 매몰되어, 과거 의제만 갖고 선거에 임하지 않았습니까? 원래 대선과 대선 사이의 총선은 심판 투표 내지 회고 투표라 할 수 있습니다. 하지만 2012년 총선은 중간에 있는 선거가 아니라 대선의 길목에 있었죠. 미래 전망을 가지고 새누리당과 싸워야 하는데 이명박 심판만 내세웠습니다. 대한민국 국민이 다 이명박은 무능하고 실패한 대통령인 걸 아는데, 그걸로 무슨 선거를 합니까? 상대는 당명까지 바꾸며 쇄신 이미지를 높인 박근혜인데.

오준호 민주통합당 손학규 후보는 '저녁이 있는 삶'이란 슬로건으로 히트를 쳤습니다. 어느 시사 주간지를 보니까 "문제는 슬로건이야, 바보야" 하면서 과거 클린턴의 구호를 패러디하기도 했더군요.

금민 노동시간 단축을 말하고 있다는 점에서 손학규는 문재인보다는 나았습니다. 손학규는 노동시간을 현재의 연간 2,193시간에서 2,000시간으로 단축하겠다고 합니다. 문재인은 공공 기관부터 비정규직을 정규직화하겠다고 하던데, 정규직화는 노동시간 단축으로 일자리를 나누지 않고는 불가능하지 않습니까? 문재인에게는 비정규직을 어떻게 정규직화하겠다는 것인지 그 경로가 전혀 없어요. 손학규는 노동시간 단축을 말하고는 있는데, 만약 노동시간을 반으로 단축하면서 임금도 반으로 줄이는 것이라면 안 됩니다. 이에 대해 손학규에게 어떤 대안이 있는지는 아직 모르겠습니다.

요즘 슬로건에 대한 관심이 높아진 모양인데요, 그리스의 시리자는 슬로건을 내지도 않았습니다. 그냥 10대 공약을 담담하고 건조하게 얘기했죠. 그 공약이란 것도 하나가 한 줄이나 두 줄일 뿐이에요. 기본소득 지급, 기초 생필품의 부가가치세 폐지, 채무 불이행, 투기적 금융상품 거래 금지, 은행 국유화, 이런 식이죠. 격동의 시기에는 추상적인 슬로건보다 구체적이고 절박한 내용이 더 중요합니다. 슬로건을 강조하는 건 미국식 정치 문화입니다. 선거에 슬로건이 필요하긴 하겠지만, 카피 잘 뽑는 기술이 정치를 좌지우지하는 건 미국식 민주주의의 특징입니다. 거기 선거제도가 그렇게 되어 있어요.

한국 정치, 어떻게 활력을 불어넣을 것인가

오준호 좌파 후보의 대선 출마를 계속 주장해 오셨지요? 그런데 이번 대선에 진보신당 또는 좌파 연합으로 후보를 내면, 그래도 박근혜를 당선시킬 수는 없으니 야권 단일화로 정권을 교체하자는 압박이 있지 않겠습니까? 내부에서도 '비판적 지지'를 선언하고 사퇴하자는 입장이 나올 수 있구요.

금민 좌파 후보는 다른 세력의 후보들과 집권 이후에 하려는 일이 다릅니다. 따라서 독자적 후보로 끝까지 가야 한다, 이게 기본입니다. 그럼 이렇게 묻는 사람도 있을 수 있습니다. 너희가 과연 집권할 수는 있냐, 힘들 것 같은데 왜 끝까지 가느냐? 그렇다면 이런 질문에 봉착하게 됩니다. 좌파가 다른 누구에게 비판적 지지를 선언하는 것이 가능한 것인가? 불행하게도 비판적 지지가 설 자리가 없습니다. 이번 선거에서 새누리당이 이기든 민주당이 이기든, 2013년 이후 전 세계적 불황과 만났을 때 그 두 정권의 차이는 거의 없을 겁니다.

'야권연대'에 참여해서 '민주연립정부'를 이루자, 이게 최근까지 통합진보당의 노선인데요, 만약 경제 호황기에 민주연립정부가 수립된다면 정부 부처에 진보적 장관 몇 명 있는 게 제도적 발전을 이룰 수도 있을 겁니다. 그것이 변화에 대한 대중의 잠재력을 손상시킬 수도 있겠지만, 호황기라면 하나의 전략은 될 수 있을 거예요. 그러나 지금은 불황기죠. 세계경제의 위기 속에서 한국이 난파될 상황이 되면, 새누리당이든 민주당이든 한국 자본의 이해를 지키기 위해 뛰어들 겁니다. 지금은 선거를 위해 재벌 개혁을 말하지만, 그때가 되면 어느 당이나 국익을 위해 대기업을 지켜야 한다는 식의 소리를 대동소이하게 할 겁니다.

오준호 비판적 지지가 의미가 없다는 거군요. 하지만 국민들은 어떨까요? 좌파정당의 호소에 공감하더라도 정권 교체가 내 삶의 어려움이 조금이라도 개선되는 길이라 믿고 그걸 원하지는 않을까요?

금민 그럴 수 있죠. 하지만 현존하는 질서를 그대로 두고 삶이 개선될 여지는 거의 없을 겁니다. 한국의 경제성장률이 2%대로 추락하고 있고, 가계부채는 1,100조 원을 넘고 있습니다. 이제 여기서 이 파국을 면하고 신자유주의를 종식시켜 새로운 경제체제로 전환할 것이냐, 아니면 재벌의 이익이 국가의 이익이라는 골백번 속은 말을 또 믿고 갈 것이냐, 그러면서 지친 국민에게 빵 하나를 더 주느냐 적게 주느냐 차이로 세력 간에 경쟁할거냐, 이런 문제가 우리에게 다가오고 있다는 거죠. 2013년 이후에 좌파의 형세와 다른 세력들과의 관계가 정세를 결정할 겁니다.

오준호 한국 정치는 참 역동적으로 보입니다. 국민들이 정치를 혐오하고 냉소하다가도 어느 순간 정당 바깥에 있는 사람을 정치하라고 부르고, 정치적 열망을 터트리다가 또 돌아서고, 투표에 무관심한 20대들이 어느 순간 '인증 샷' 찍으며 나타나고요. 이런 역동성을 받아안으면서 한국 정치가 발전하려면 어떻게 해야 할까요?

금민 저는 한국 정치가 별로 역동적이지 않다고 생각합니다. 역동적인 것은 한국의 선거죠. 선거가 정치의 꽃이긴 합니다. 하지만 꽃이 피려면 뿌리도 있어야 하고 꽃받침도 있어야 합니다. 한국 정치는 뿌리도 없고 꽃받침도 없는데, 희한하게도 꽃가루만 많이 날립니다. 다 이긴 선거가 뒤집어지고, 지역구 선거도 조그만 변수에 요동합니다.

선거와 달리 한국의 정치는 역동적이지 않습니다. 역동적인 정치는 시민의 참여, 적극적인 주권 행사가 있어야 가능하죠. 그런데 우리 사회는 탈脫정치화된 사회입니다. 경제 논리가 중요시되는데, 그런데도 경제 논리에 근거한 정치가 개화되지도 않았습니다. 누구나 이해당사자이면서 이해당사자에 입각한 정치도 잘 발전하지 않았고요.

과거 유럽에서 보통선거가 도입될 때 소극적 시민, 적극적 시민이라는 규정이 있었습니다. 경제력에 따라 시민을 구분한 건데요, 소극적 시민은 수동적 시민이라고도 불렸는데, 돈도 없고 투표권도 없는 사람입니다. 적극적 시민 또는 능동적 시민은 투표권을 갖고 있는 사람들이죠. 당시 노동계급은 투표권이 없었죠. 그럼 21세기에 우리는 어떤 시민이냐? 투표권은 모두 갖고 있습니다. 하지만 투표만 할 수 있습니다. 그나마 투표도 잘 안 하고요. 그런 의미에서 대부분이 소극적 시민입니다.

적극적 시민은 투표만이 아니라 365일 정치에 참여하는 시민이지요. 한국에는 그런 시민이 없다는 것, 특히 노동자계급이 그런 정치적 시민이 되어 있지 않다는 것, 이게 한국 정치의 가장 큰 문제입니다. 국민 절대다수가 노동자이면서 노동자가 정치적 시민으로 참여하지 않습니다. 먹고 살기 바쁘니까요. 그럼 그들의 운명을 누가 결정하게 될까요? 자기 운명을 스스로 결정하지 못하는 정치를 어떻게 역동적인 정치라고 할 수 있겠습니까?

오준호 그러면 어떻게 해야 적극적 시민으로 만들고, 그들의 정치성을 활성화시킬 수 있을까요?

금민 기본소득을 지급해야죠. 제가 2007년에 기본소득 지급을 통해 사회적 공화국을 만들자고 한 게 그런 의미입니다. 주권 행사를 위해 물적인 조건을 만들자는 겁니다. 지금은 이 경제위기 속에서 그걸 어떻게 실현할 것인가 탐색 중입니다.

삶을 바꾸는 프로젝트 기본소득

02

삶을 바꾸는 프로젝트, 기본소득

어떤 국가가 올바른 국가인가

오준호 지난 6월, 이제는 새누리당 대선 후보로 확정된 박근혜 의원이 통진당 이석기 의원을 겨냥해 국가관이 의심스러운 사람은 국회의원을 해서는 안 된다고 말한 적이 있습니다. 이에 대해 매카시즘 발상이라는 비판이 있었지만, 한편으로는 진보정치인들도 유권자에게 나선 이상 국가에 대해 뚜렷한 견해를 밝혀야 하는 것 아니냐는 문제 제기도 있었습니다.

'좌파' 정치인이시니, 좌파는 국가를 어떻게 보아야 하는가에 대해 얘기해 보고 싶습니다. 좌파는 일반적으로 국가주의 또는 애국주의를 경계하지 않나요? 그러다 보니 국가에 대한 입장을 적극적으로 밝히지 않거나, 국가는 지배계급의 도구일 뿐이라는 입장도 많았죠. 그런데 정당정치에 참여한 이상 국가에 대한 입장은 있어야 할 텐데요. 금민 운영위원장은 지난 대선에서 '사회적 공화주의'를 제시했고, 어떤 공화국이어야 하는가의 문제에도 적극적인 입장을 제시해 온 것으로 압니다. 특히 신자유주의 체제에서 국가의 역할이 자꾸 축소되어 왔는데, 본인이 생각하는 올바른 국가와 그 역할은 어떤 것입니까?

금민　작은 국가냐 큰 국가냐, 신자유주의 하에서 이런 이분법이 강요되어 왔습니다만, 그 구분은 사실 허구적입니다. 일단 신자유주의에서 작은 국가라고 얘기하기는 힘듭니다. 1980년대 이후 신자유주의가 지배적이 되면서 국가가 사회 영역에서 상당히 많이 철수한 것처럼 나타나긴 했습니다만, 다른 한편으로 국가는 신자유주의를 구출하기 위해 컴백합니다. 2008년 금융위기 때 미국 정부가 부도 난 금융자본가들을 국민의 혈세로 구제해 준다든지, 양적 완화라는 이름으로 달러화를 찍어 투입한다든지 하는 현상이 빈번히 일어나죠.

신자유주의 호황기에는 작은 국가였을지 몰라도, 불황기가 되면서 국가는 미국, 유럽, 아니 전 세계에서 강력한 역할을 하고 있습니다. 신자유주의 유지를 위해 국가의 역할이 강화된 것이죠. 그럼 이제 큰 국가가 필요한 것인가? 이는 그렇게 단순한 문제는 아닙니다. 용산 참사나 쌍용자동차에서의 살인적 진압에서 보듯이 경찰국가의 폭력성 역시 심각합니다. 따라서 작은 국가냐 큰 국가냐의 구분을 넘어 어떤 국가여야 하는가를 물어야 합니다. 일단 그 국가는 우리 헌법대로 민주공화국이어야 되겠지요. 그러면 이걸 물어봐야 합니다. 민주주의가 뭐고, 공화국은 뭐냐?

오준호　이명박 정부 5년 동안 민주주의가 뭐냐, 민주공화국은 어떤 나라여야 하느냐, 이런 질문을 던지고 다시 생각하기 시작한 국민이 많

습니다. 이명박 정부의 공이겠지요? (웃음)

금민 그럴 수도 있겠죠. 하지만 과연 김대중 정부와 노무현 정부에서는 민주주의가 잘 이뤄졌느냐? 이런 의문이 듭니다. 실제로는 잘 이뤄지지 않았습니다. 신자유주의 체제를 한국에 가져와 팽팽 돌린 게 두 정권이 한 일이니까요. 그러나 이명박 대통령이 너무 무식하고 노골적으로 민주주의를 후퇴시키니까, 해도 너무 한다고 여긴 사람들이 많은 것은 사실이겠죠.

그럼 민주주의를 발전시킨다면 어떻게 발전시켜야 하느냐? 절차적으로 강화해야 하느냐? 물론 한국은 절차적 민주주의에도 문제가 큽니다. 대통령 결선투표제가 없습니다. 50% 지지도 못 받은 사람이 대통령 되는 것, 이런 것부터가 문제죠. 결선투표제는 유럽은 물론 남미 국가들에도 다 있습니다. 또한 국회의원 선거에서도 완전비례대표제가 안 이뤄져, 선거제도의 대표성도 부족합니다. 그럼 이런 절차적 문제만 해결되면 되느냐? 아니라는 겁니다.

민주주의에는 토대가 있습니다. 실질적 민주주의, 사회경제적 민주주의 또는 경제민주화, 이런 얘기를 하는 것은 민주주의에 토대가 있다는 얘기입니다. 한 사회를 1%가 지배하는 구조, 그 1%가 권력을 독점하는 사회에서는 모든 사람에게 선거권이 있다는 게 아무런 의미가 없지요. 경제사회적 권력이 정치권력을 실질적으로 쥐고 있다면, 이런 상태에서 소통이 중요하니 어쩌니 하는 얘기는 관념에 불과합니다. 경제사회적 권력이 정치를 지배하며 휘두르는 힘을 떨어뜨려야 하는 겁니다. 그리하여 분배와 공적 기능이 강화되는 사회경제적 변화가 이뤄져야, 민주주의의 토대가 생길 수 있죠.

오준호 작년 가을 '월스트리트 점령' 때 지젝Slavoj Žižek이 시위대 앞에서 한 연설이 생각나는군요. '자본주의와 민주주의의 결혼은 파탄났다.'고 했죠. 자본주의가 돈을 벌수록 오히려 민주주의는 배를 곯는 상황이 된 건가요?

금민 자본주의와 민주주의의 결혼이 그럭저럭 유지되던 시대가 1950~60년대 자본주의 황금기, 호황기입니다. 그때 유럽 국가들에서는 사회민주주의적 합의가 있었습니다. 산별노조와 진보정당, 즉 사회민주당이 자본가들과 사회적 협약을 이끌어 내는 데 중요한 역할을 했지요. 그때는 노동자들의 발언권이 강했습니다. 호황기였으니까요. 완전고용 상태였고 외국에서 노동자를 데리고 왔어야 하는 상황이었죠.
신자유주의 체제에서는 상황이 정반대입니다. 완전고용이 불가능합니다. 노동자들이 '나 좀 착취해 주세요.' 하고 일자리를 찾아다녀야 하는 시대입니다. 자본의 사회적 권력은 지나치게 커졌고 노동자와 민중의 목소리는 축소되었습니다. 이 상태에서는 절차적 민주주의를 완벽하게 시행한다고 해도 민중의 목소리가 반영되지 못합니다. 실질적 민주주의, 사회경제적 민주주의가 필요합니다.

오준호 그럼 민주공화국이란 '사회경제적 차원에서도 민주주의가 실현된 국가'인가요? 그런데 신자유주의자들의 주장을 보자면, 실질적 민주주의니 복지국가니 하면서 국가가 어떤 프로젝트를 갖고 개입하는 순간 개인의 자유가 침해된다는 겁니다. 국가가 개인의 자유를 간섭하도록 허용하면 자칫 전체주의로 나갈 수 있다, 이런 것이 하이에크Friedrich August von Hayek부터 공병호에 이르는 신자유주의자들의 입장이겠죠. 이들을 반박하려면 사회경제적 토대가 중요한 이유를 좀 더 자세히 설명해야 할 것 같습니다.

금민 맞습니다. 가난한 사람들이 많으니 분배를 강화하자, 그런 것도 필요합니다만, 더 나아가 저는 주권과 사회경제적 권리를 연결시킵니다. 주권을 단순히 참정권에 한정시키지 않고 경제사회적 권리로 확대해서 바라보는 관점이 필요하다고 봅니다. 민주주의란 한마디로 주권을 국민이 가지고 있다는 것이죠. "대한민국의 모든 권력은 국민으로부터 나온다." 헌법에도 있지 않습니까? 이 주권 개념이 단지 국민이 선거로 통치자를 뽑는다는 정도에 머물러선 안 된다는 거죠. 주권 개념의 확대를 통해 공화국 개념까지 재해석해 볼 수 있습니다.

오준호 주권 개념을 확대해서 공화국을 재해석해 보자? 그건 어떤 의미인가요?

금민 공화국이란 '모두의 나라' 라는 뜻입니다. 1%의 나라, 국민 일부의 나라가 아니라 모두의 나라. 그런데 자본의 권력이 비대화되고 사실상 정부의 선출이라든지 정치적 민주주의가 형식에 지나지 않게 되면, 그런 국가는 헌법 조문에서 공화국이라 규정한다 해도 더 이상 모두의 나라가 아닌 게 됩니다. 모두의 나라가 아니라 삼성의 나라, 자본의 나라, 검찰의 나라가 되고 마는 거죠.

그럼 모두의 나라를 어떻게 이룰 것이냐? 주권자에게 형식적이고 절차적인 선거권만이 아니라 사회경제적 권리까지 주어야 합니다. 충분한 소득, 충분한 의료, 교육, 보육 등의 서비스, 자유롭게 이동하고 통신할 수 있는 권리, 이런 것들이 주권의 일부를 구성한다는 겁니다. 이렇게 주권이 선거권만이 아닌 사회경제적 권리를 포함한다는 발상의 전환이 있을 때 비로소 국가와 사회, 정치와 경제의 이분법에 갇히지 않고 국가의 역할을 재규정할 수 있습니다. 재벌 체제를 해소하는 문제라든지, 비정규불안정노동사회를 해소하는 문제를 단순히 경제 문제가 아니라 민주주의와 공화국의 문제로 보고 지평 위로 올리게 되는 것이죠.

오준호 예컨대 '그런 문제는 시장에 맡겨라,' '국가가 시장에 함부로 개입해선 안 된다,' 따위의 신자유주의자들의 주장에 반박할 수 있게 된다는 것이군요.

금민 그렇지요. 김대중 정부 때 민주화라는 이름으로 국가가 시장으로부터 철수하는 일이 행해졌습니다. 그 결과가 어땠는지 알지 않습니까? 시장과 자본이 사회를 지배했습니다. 그런데 정부가 시장과 경제에 개입하려고 하면 재벌들이 뭐라고 하나요? 국가의 개입은 비효율적이라고 합니다. 관치라는 비난도 붙고요. 그러나 주권 개념을 확대하면, 사회경제적 문제가 정치나 국가로부터 분리할 수 없는 문제로 떠오릅니다. 주권 개념을 이렇게 확대하지 않으면 우리는 계속 신자유주의 체제의 특유의 이분법, 국가와 사회를 구분하고 정치와 경제를 구분하는 이원론에 갇혀 세상을 바라보게 되는 거죠.

신자유주의자들은 개인의 자유를 절대시하지만, 시장에 모든 걸 맡기는 체제에서는 개인의 자유가 아무런 실질적 토대를 가지지 못하게 되서 결국 자유는 말장난에 지나지 않게 됩니다. 신자유주의자들이 감추고 있는 거죠, 그걸.

오준호 그렇다면 정치민주화와 경제민주화를 별도로 이야기하는 것도 문제가 되지 않겠습니까?

금민 정치민주화라고 하면 보통 정치제도나 선거제도 같은 데서 문제를 해결하는 것을 의미하는데, 중요한 것은 사회경제적 문제가 바로 정치의 문제라는 것, 그러니까 둘이 별도의 문제가 아니라는 것입니다. 2008년 경제위기 이후에 많은 사람들이 문제는 경제라고 생각하는데, 그 말에 담긴 의도는 알겠지만, 이 총체적 문제를 해결하기 위한 관건은 정치입니다. 정치를 통해 대한민국 헌법이 정하고 있는 바대로 민주공화국을 제대로 수립한다는 문제와 신자유주의를 종식시킨다는 문제가 절대로 별개의 것이 아니란 겁니다.

바보야, 문제는 정치야

오준호 이명박이 '경제대통령'을 자처하면서 등장했고 경제가 최근 우리 사회의 핵심 의제가 되었습니다. 경제만 해결하면 다른 것도 해결된다, 이렇게 보는 사람들이 많은데, 오히려 문제는 정치에 있다는 건가요?

금민 오늘날 정치의 영역에서 경제체제의 문제, 즉 신자유주의 종식의 문제는 추방되었습니다. 정치 세력들이 정치제도를 이렇게 저렇게 바꾸자는 말만 하지 경제체제를 어떻게 바꾸자는 말을 안 합니다. 한마디로 정치가 협소화되었습니다. 그러면서 역설적으로 공직 선거는 CEO를 뽑는 행사처럼 되었고요. '주식회사 대한민국'이 된 것이죠. 누가 국가기구를 통해 수익을 많이 뽑아낼지를 '주주'인 국민이 선택하는 일로 정치가 타락해가고 있는 거죠.

그런데 앞서도 강조했듯이 지금은 신자유주의 종식기입니다. 파국의 격랑이 오는 시대입니다. 이런 때에 정치가 협소화되면 안 됩니다. 정치의 과제가 훨씬 더 넓어져야 해요. 그 정치의 과제는 제가 말한 주권 개념의 확대와도 직결됩니다.

오준호 그럼 과거 클린턴이 내걸었던 '문제는 경제야, 바보야' 같은 구호는 잘못된 것이겠네요? 이번 대선에서도 여전히 여야를 가리지 않고 그와 유사한 주장을 하려고 합니다만.

금민 사람들은 뭔가를 개혁하자는 얘기를 들으면, 그거 경제 논리와 거리가 멀다, 시장 논리로 설명이 안 된다, 이런 말을 합니다. 그리고 경제 논리나 시장 논리와 멀다고 생각되는 어떤 것은 있어서는 안 되는 것으로 봅니다. 하지만 정치란 원래 비시장적인 개입입니다. 시장이란 게 원래 정치가 만든 제도인데, 거꾸로 시장이 정치 논리의 폭을 한정하는 시대가 되었죠.

하지만 문제는 정치입니다. 문제가 경제라면, 신자유주의 하에서 어떻게 조절 잘해서 호황 국면 유지하는가가 핵심이겠죠. 그런데 제가 문제가 정치라고 할 때, 그 핵심은 우리가 살아가는 경제, 바로 신자유주의 경제가 종말에 와 있다는 것이고, 그럼 이걸 해소하고 새로운 사회를 열어야 한다고 할 때 그 역할을 할 수 있는 것이 정치라는 겁니다. 게다가 신자유주의적 경제 논리로는 그 경제적 어려움조차 해결할 수 없다는 겁니다. 신자유주의의 호황기라면 어떻게 파국으로 가는 시간을 연장할 수도 있겠죠. 그러나 불황기이기 때문에 그것도 불가능합니다.

오준호 이명박 정부만이 아니라 지난 십여 년 동안 한국의 정치 세력이 다 경제만 얘기하면서 사실상 신자유주의를 유지하는 데 기여해 왔다고 볼 수도 있겠네요. 그럼 진보정당은 어떻습니까? 좀 달랐나요?

금민 진보정치 세력은 신자유주의가 희생시킨 사람들을 구제하고 보호하는 역할을 부족하게나마 해 왔습니다. 하지만 사회 전반에 대해 획기적인 질적 변화를 도모한 적이 없습니다. 약자들에게도 부분적으로만 복지 혜택이 돌아가도록 일을 해 왔죠. 1997년 이후 고착되어 온 한국의 경제체제 자체를 뿌리에서 바꾸자는 얘기를 하지 못했습니다. 그저 문제를 보완하면서, 배제되고 차별받는 사람들을 보듬어 주는 정치를 해 왔다고 봐야죠. 필요한 일이었으나 매우 소극적 역할이었다고 할 수 있습니다.

오준호 그렇다면 정치가 시장 논리가 아닌 다른 식으로 경제에 개입해야 한다면, 그 개입의 기준점은 무엇이어야 합니까? 공화국의 공동선 또는 공익, 그런 것을 기준으로 삼아야 하나요?

금민 다시 강조하자면, 공화국의 주권 개념은 그런 개입을 할 수 있는 규범적 근거를 부여합니다. 예를 들어 재벌들이 '이건 시장의 문제니 정부는 개입하지 말라.'고 한다면, '이건 주권의 문제이니 개입한다.'고 할 수 있다는 거죠. 하지만 구체적으로 어떤 방식으로 개입할 것인지의 문제에 대한 해답이 주권 개념으로부터 바로 나오는 건 아닙니

다. 개입의 방식은 우리가 어떤 사회를 원하는가에 달려 있습니다. 우리
가 어떤 경제를 원하는가? 거기서 개입의 기준점과 개입 방식이 나오겠
죠.

　그럼 우리는 진짜 어떤 사회와 경제를 원하는가? 30년 넘게 신자유
주의에서 살아오다 보니 신자유주의 말고는 다른 경제를 떠올릴 수가
없다는 것이 이 질문에 답할 때의 문제입니다. 우리가 뭘 원하는지 잘
모른다는 거죠.

　오준호　실제로 그런 것 같습니다. IMF 사태 직후에 유소년기를 보내
지금 20대가 된 세대의 이야기를 들은 적이 있는데요, 아버지의 실직으
로 계속 더 작은 집으로 이사했던 경험을 떠올리며 경쟁에서 지면 죽는
다는 논리에 강하게 물들어 있었습니다. 그런 사람들에게 공동체라든가
연대라는 가치가 그들에게 떠오르기 힘들겠죠.

　금민　그래서 신자유주의의 종식과 보편적 복지, 불안정노동의 철폐
와 생태사회, 이러한 것들을 함께 실현할 프로그램이 필요합니다. 보편
적 복지가 있어야 모든 국민들이 공통적 조건에 서게 되고, 그래야 주권
자가 되고, 그래야 사회의 미래를 스스로 결정하게 되죠. 경쟁에서 지면
죽는다는 마음으로 하루하루를 살아가야 한다면 지금과 다른 세상을 꿈
꿀 수조차 없으니까요.

　그런데 또 보편적 복지는 신자유주의 체제를 그대로 두고는 이룰 수
없습니다. 또 노동시간을 혁명적으로 단축해야 불안정노동도 사라지고
지속 가능한 생태사회도 이룰 수 있습니다. 결국 우리는 이 모든 것들을
동시에 이룰 수 있는 방식으로 개입해야 한다는 겁니다. 그러니까 복지

따로, 비정규직 문제 따로, 탈핵 따로, 이렇게 요구할 게 아니라, 이 모
든 것을 한꺼번에 엮는 방법을 찾아야 한다는 거죠.

오준호 그런데 사람마다 미래에 대한 기대나 삶의 지향이 다르지 않
습니까? 이런 사회를 지향하자 또는 이런 국가를 만들자, 이런 정치적
합의가 가능하겠습니까?

금민 저마다 바라는 이상적 삶은 다를 수 있겠죠. 하지만 괜찮은 삶
이 뭔가, 최소한 이보다는 나아야 한다, 이런 것은 합의할 수 있지 않을
까요? 2010년에 한국인 자살률이 경제협력개발기구OECD 회원국 가운
데 1위였습니다. 하루에 42명이 목숨을 끊고 있어요. 그 많은 사람들이
생계를 비관해서 또는 취업과 학업의 경쟁에서 밀려나 목숨을 끊는 그
런 사회는 이제 그만 벗어나자, 이건 다 동의할 겁니다. 사태가 점점 긴
급해지고, 신자유주의의 위기가 파국적으로 가고 있죠. 절대다수의 삶
이 지금보다 현저히 나아진 사회, 사람답게 사는 공통의 조건을 가진 사
회, 이런 것은 충분히 합의될 수 있습니다. 그런 합의를 끌어내는 것이
정치의 능력이기도 하고요.
　이건 중요한 이야기입니다. 각자 원하는 것도 다르고 하고 싶은 것도
다르죠. 개별성이 있습니다. 그렇다 해도 공화국이라면 모두의 국가이
고 모두의 정치공동체civitas니까 공통성이 있어야 해요. 그 공통성이란 게
개별성 혹은 개성을 몽땅 삭제하고 판박이 같이 똑같은 사람들만 있다
는 것을 말하느냐, 그게 아니죠. 서로 다른 개인들 사이에 공통적 기초
가 있다는 겁니다. 그게 뭐냐? 단군 할아버지의 핏줄이냐, 한국말을 한
다는 것 내지는 한국적 정서가 있다는 것이냐? 그런 게 아니라 사회적

조건입니다. 참된 민주공화국은 공통의 사회적 조건 위에서만 수립됩니다. 그리고 그 사회적 조건은 신자유주의 종식을 통해 가능합니다.

오준호 그렇다면 신자유주의 체제를 종식시켜야만 민주공화국을 건설할 수 있다, 이렇게 되는 건가요?

금민 둘은 같은 말이에요. 신자유주의를 종식시키는 것과 국민주권의 사회적 조건을 만드는 것, 이 둘은 동의어입니다. 금융수탈 끝내고 불안정노동 없는 사회를 만들면 누구나 안정적 일자리와 소득을 갖게 되죠. 그러면 모든 국민이 사회구성원으로서 공통적 자격을 누릴 만한 조건을 갖는 겁니다. 결국 같은 얘기를 한편으로는 신자유주의 종식이라는 경제적 측면에서, 다른 한편으로는 주권과 공화국의 측면에서 얘기한 겁니다. 뭐가 되면 뭐가 된다, 이런 문제가 아니고요.

오준호 민주공화국은 공통의 사회적 조건 위에서 국민주권이 실현되는 나라라는 말씀 잘 들었습니다. 그런데 공통의 사회적 조건이란 결국 복지가 아닙니까?

금민 복지는 주권의 핵심적 부분입니다. 참정권과 함께 말이죠. 저처럼 복지를 주권의 일부이자 핵심이라고 봐야 하는 이유를 설명해 보죠. 그렇게 보지 않을 경우에, 즉 복지가 사회적 갈등을 완충시키고 탈락자를 구제하고 사회 전체의 생산 효율을 높이므로 필요하다는 식으로 접근하면, 제가 말하는 수준의 고도의 보편적 복지를 할 수 없기 때문입니다.

 제2장 _ 삶을 바꾸는 프로젝트, 기본소득

지금 박근혜의 복지나 민주통합당 후보들의 복지가 그런 기조 아닌
가요? 그 사람들은 복지를 주권 문제로 보지 않고 사회적 갈등을 관리
하는 시스템의 하나로 보죠. 안철수도 마찬가지입니다. 복지가 필요한
데 그 이유는 시장에서 실패해도 다시 일어나 또 뛸 수 있게 하기 위함
이라는 거죠. 그래서 안철수 본인이 창업에 성공한 것처럼 청년들이 창
업에 도전하도록 해 준다는 겁니다. 그런데 그렇게 접근하면 효율성을
따지게 됩니다. 복지 말고 다른 방법이 생산성 향상에 더 효과적이면 그
걸 해야죠. 따라서 이런 방식으로는 복지가 큰 역할을 할 수가 없습니
다. 복지는 다른 이유에 앞서 국민주권의 기초이자 민주공화국의 기초
가 되기 때문에 제공되어야 하는 겁니다.

애국가 논란을 어떻게 볼 것인가

오준호 말씀을 들으니까, 좌파가 공화국에 대한 명확한 입장을 정리
하고 국민에게 그런 공화국을 향한 애국심을 호소할 수는 없는가 하는
생각이 듭니다. 그런 입장에 선다면, 예를 들어 보편적 복지에 반대하는
우파를 향해 국가관이 의심스럽다며 비판할 수도 있을 것 같은데요. 흔
히 좌파는 애국주의에 반감을 갖긴 합니다만, 이 문제에 대한 생각은 어
떤가요?

금민 현실의 국가와 이상의 공화국을 좀 구분하여 따져 봐야겠죠.
아마 한국에서는 『윤리형이상학』이라는 제목으로 번역되었죠? 임마누
엘 칸트의 *Metaphysik der Sitten*이라는 책이 있는데요, 거기에 보면 현실
의 공화국과 이념의 공화국이 나옵니다. 현실의 공화국에 대한 애국은

거부할 수 있습니다. 그러나 이상의 공화국까지 부정할 순 없죠. 이를테면 무정부주의와는 얘기가 다릅니다.

애국주의라고 하니, 하버마스Jürgen Habermas의 '헌법 애국주의'를 떠올리게 됩니다. 그는 독일 헌법이 썩 괜찮은 헌법이라고 생각했고, 실정적으로 존재하는 독일 헌법에 대한 애국주의를 주장한 적이 있습니다. 독일 국가가 아닌 독일 헌법에 대한 충성을 말한 것입니다. 과연 독일 헌법이 그렇게 대단한가의 문제와는 별도로, 저는 한국 헌법이 충성의 대상이 될 만큼 완비되어 있다고 생각하지 않습니다. 게다가 애국주의는 대개 정서죠. 정서에 호소하는 겁니다. 저는 공화주의자이긴 해도, 정서적 공화주의나 시민의 덕목만을 강조하는 인륜적 공화주의는 반대합니다. 좌파 공화주의는 어떤 사회적 조건에서 공화국일 수 있는가, 어떤 경제적 조건에서 공화국일 수 있는가를 따집니다. 좌파 공화주의는 공통적인 사회적 조건을 개인이 실질적인 자유를 누리기 위한 기초로 제시한다는 점에서 해방적 공화주의죠.

그런데 애국의 문제는 정서에 호명하는 것이라서, 결국 기존의 국가 또는 현실의 정부와 체제에 대한 캠페인에 지나지 않을 때가 많습니다. 다른 나라의 좌파 공화주의자들도 그런 애국주의에는 반대하거나 아니면 굳이 태도를 밝히지 않는 걸로 압니다.

오준호 그럼 대한민국이라는 국가를 어떻게 봐야 할까요? 제가 묻는 건 이상의 공화국에 다가가지 못한 현실의 대한민국에 대해서 말입니다. 가령 우파에게서 대한민국의 정통성을 인정하느냐는 질문을 받게 되면 어떻게 대답하시죠?

금민 누가 제게 어떤 대답을 강요하거나 검증하려고 든다면 그에 답할 필요는 없습니다. 사상과 표현의 자유가 있으니까. 하지만 이 문제를 우회할 필요도 없다고 봅니다.

애국주의 문제와는 다른 문제이지만, 저는 대한민국이 정통성을 가진 국가라고 생각합니다. 그건 다른 이유가 아니라 1987년에 민주항쟁으로 헌법을 만들었다는 이유 때문입니다. 적어도 1987년이 있기 때문에 대한민국이 정상적인 헌법 국가로서의 길을 가고 있다는 거죠. 민주주의라는 기준에서, 대한민국은 1987년의 항쟁과 헌법이 있어 정통성을 갖고 있습니다. 물론 부족한 부분이 있습니다. 국가보안법이 있고 선거 제도도 불완전한 건 사실이죠. 그러나 정통성을 갖출 근거가 될 출발점이 마련되었다는 얘기입니다.

오준호 얼마 전 이석기 통진당 의원이 애국가는 국가가 아니라고 했습니다. '애국가 논쟁'이라는 다소 이상한 논쟁으로 비화되기도 했습니다.

금민 애국가 논란은 좀 괴상한 논란입니다. 일단 애국가가 국가냐 아니냐? 국가가 맞죠. 어째서 그러냐? 법률에 정해져 있으니까요. 애국가 작곡자의 친일 행적이 문제가 되긴 하지만 법률로 정했으면 국가죠. 국가를 바꾸고 싶으면 법을 개정해야죠.

그런데 애국가가 국가가 아니라고 하는 것도 이상하지만, 애국가 부르는 걸 개인에게 강요하는 것도 괴상합니다. 국가기관에서 국가를 부르는 것은 당연합니다. 국회에서 부르는 것은 그럴 수 있습니다. 그런데 그 의원 개인이 애국가를 불러야 하는가 아닌가, 이건 의원 개개인의 양심의 자유죠. 거기에 대해 누구도 강제할 수 없습니다.

한술 더 떠서 정당 내부의 행사 때에도 왜 애국가를 안 부르느냐, 이런 논란도 있더군요. 정당이 자기 행사 때 꼭 국가를 불러야 할까요? 애국가 안 부르는 정당은 반헌법적이고 대한민국 국체를 부정하는 정당일까요? 그렇지 않습니다. 물론 정당도 헌법기관이긴 합니다. 하지만 일반적인 국가기구와는 위상이 다르죠. 정당은 자기 행사 때 당가를 부르면 됩니다. 어느 나라 정당이든 자기 행사 때에는 당가를 부릅니다. 유럽에서 국가를 부르는 정당은 극우정당 외에는 없습니다. 보수정당도 안 부릅니다. 그런데 한국에서는 진보정당에게 왜 국가를 안 부르냐고 합니다. 해괴한 일이죠. 당가가 있으면 당가를 부르면 됩니다. 애국가를 부르니 안 부르니 논란을 일으키는 것은 매우 치졸한 짓이다, 이렇게 생각합니다.

오준호 대한민국의 많은 시민이 대한민국에 어떤 소속감 내지는 애국심을 갖고 있다고 해서 그들이 반드시 보수파는 아니지 않겠습니까? 좌파가 애국심을 주장할 것이 아니라면 국민의 소속감을 사회의 진보를 위한 에너지로 쓰도록 이끌 수 있어야 할 텐데요. 이건 어쩌면 좌파가 다수파가 되기 위한 정치 전략과도 연결될 것 같습니다.

금민 대한민국에 대한 일체감, 자부심이라는 게 왜곡되면 삼성이 곧 대한민국이라는 착각이 생깁니다. 핀란드 사람은 노키아Nokia에 대해 그다지 열광 안 하는데 한국 사람은 삼성이나 현대에 열광하는 식으로요. 이것은 경제구조의 왜곡이 사람들에게도 반영되어, 삼성이 망하면 다 망할 거라고 생각하는 그런 일체감으로 나타나는 겁니다. 그런 일체감은 잘못 되었다고 얘기해 주어야 합니다.

하지만 한국 사람의 자부심 중에 더 큰 것은 이런 것입니다. '우리 피 땀 흘려 민주주의 했고, 그 민주주의가 어쨌든 발전해가고 있다.' 해방 이후에 엄청난 투쟁을 거치면서 여기까지 온 거잖아요. 이건 절대 시시한 게 아니죠. 여기가 완성된 공화국도 아니고 완벽한 민주주의도 아닌건 맞습니다. 신자유주의에 의해 왜곡되어 있습니다. 하지만 1987년 체제가 있고, 거기에는 정통성을 부여할 수 있습니다. 국민의 자부심도 그 지점에 있을 거고요. 그렇다면 '이러한 민주주의를 보다 실질적인 민주주의로, 진짜 민주주의로 만들어가자!' 이렇게 말할 수 있을 겁니다.

2012년 현재, 복지 운동을 돌아본다

오준호 2007년만 해도 복지는 소수 진보정당만의 요구 사항이었습니다. 그때 대선의 화두는 결국 '성장'이지 않았습니까? 그런데 이명박 정부를 경과하면서 한국 사회에서 복지는 거부할 수 없는 의제가 되었습니다. 특히 2010년을 경과하면서 보편적 복지는 최소한 담론 수준에서는 야권 전체의 주장이 되었죠. 이제는 박근혜 후보마저도 아버지의 꿈이 복지국가라고 얘기하면서 '맞춤형 복지'를 제시합니다. 현재 복지 담론이 어느 정도로 진전되어 왔는지 평가해 보신다면?

금민 한국의 복지는 김대중 정부가 국제통화기금IMF의 권고에 의해 받아들인 거죠. 노동 유연성을 강요하면서 기업이 마음껏 해고시킬 수 있게 정부가 기초적 복지를 깔아 놓으라고 한 겁니다. 그게 기초생활수급제도입니다. 해고 당해도 굶어 죽지는 않게 만든다는 거죠. 신자유주의와 함께 복지가 들어왔기 때문에 처음부터 잔여적 복지이고 선별적 복지였습니다. 김대중 정부와 노무현 정부에서 이런 선별적 복지가 조금씩 늘어가는 상황이었습니다. 그러다 보니 민주노동당 등 진보정당들이 부분적 복지의 공약을 '전면 무상' 시리즈로 묶어 제시했고, 이는 국민의 지지를 얻었습니다. 신자유주의 하에서 복지가 선별적 복지로 들어와서 그게 약간씩 확충되었고, 이 과정에서 진보정당이 '복지정당'으로 등장했다는 겁니다.

그런데 2007년을 전후하면서 그 쥐꼬리만한 선별적 복지까지도 하나씩 삭감됩니다. 그러자 그에 대한 반격의 형태로 '보편적 복지'라는 의제가 등장했습니다. 보편적 복지, 이것도 논의가 두 단계를 거칩니다.

처음에는 무상의료나 무상교육처럼 공공서비스에 관한 것을 무상으로 하자는 게 보편적 복지로 얘기되었습니다. 공공서비스는 누구나 접근할 수 있어야 하니까 보편성을 가져야 하는 게 맞죠.

그러다가 다음 단계로 기본소득과 같은 주장이 등장합니다. 공공서비스뿐만 아니라 거기에 현금급여까지 지급해야 한다는 주장이 나오게 된 것입니다. 2006년부터 한국에서 기본소득 논의는 있었지만, 제가 2007년 대선에서 공약으로 발표하고, 그 뒤 사회당에서 기본소득을 부속강령에 채택하면서 많이 알려졌습니다. 그리고 기본소득네트워크에 함께하는 연구자들을 통해 이론적으로도 많이 다듬어지고 확장되었죠. 보편적 복지의 두 번째 단계가 시작되었다고 볼 수 있습니다.

오준호 보편적 복지가 확산되는 데 2010년 무상급식 논쟁이 중요한 위치를 차지하지 않습니까?

금민 네. 무상급식 논쟁은 보편적 복지 논쟁에서 매우 중요한 전투의 장이었습니다. 가난한 애들만 밥을 주면 되지 않느냐는 주장과 아이들이 차별 없이 밥을 먹게 하자는 주장이 선별적 복지 대 보편적 복지 논쟁으로 이어졌죠. 그리고 이 싸움에서 무상급식 진영이 이겼습니다. 물론 무상급식은 공공서비스의 일종입니다. 그런데 무상급식을 처음 주장했던 경기도 교육감 진영의 경우, 무상급식이 기본소득의 개념이라고 얘기했어요. '현물기본소득'이라고 주장한 거죠. 그렇게 볼 때 무상급식은 그 전의 무상 시리즈와는 다른 운동이었고, 기본소득 논의로도 이어지는 운동이었습니다.

오준호 한국의 복지 담론이 그런 정도에 와 있군요. 이제부터는 어떻게 나가야 합니까?

금민 복지국가를 말씀하는 분들이 대개 이상적인 국가로 스웨덴을 꼽습니다. 일단 한국은 압축적으로 성장한 '추격자' 모델이라 할 수 있는데, 복지에서도 스웨덴을 추격하자는 거죠. 어떤 속도로 스웨덴을 추격할 것이냐, 즉 좀 더 많이 빨리 하자, 좀 적게 천천히 하자, 이렇게 나뉩니다. 적게 천천히 하자는 쪽이 민주당이고 많이 하자는 것이 복지국가소사이어티 등 시민사회운동입니다. 그런데 중요한 건 이제 추격자 모델은 곤란하다는 겁니다. 스웨덴 사회의 역사적 특수성이 있는 거고, 지금의 시기는 우리가 그걸 추격할 수 있는 상황이 아닙니다.

오준호 글로벌 경제위기 속에 스웨덴식 복지국가라는 목표가 달성하기 어려워졌다는 말씀인가요?

금민 천천히 하자고 할 게 아니라 일거에 하자고 말해야죠. 게다가 스웨덴보다 나은 모델로 말입니다. 다른 나라처럼 우리도 조금씩 세금 올려 가면서 그렇게 하자? 이런 관성적인 방식이 아니어야 한다는 겁니다. 현존하는 신자유주의 경제를 그냥 놔두고 조금씩 세금만 올려서 복지제도를 확립할 수 있다는 생각에는 심각한 문제가 있습니다. 현존하는 모델이 심각한 한계에 봉착했으니, 그와는 다른 모델을 얘기하면서 복지도 얘기해야죠. 전 세계 경제가 다 위기인데 조세부담률만 올려서 뭘 하겠다? 이런 것은 불가능하다는 겁니다. 배가 침몰하고 있는 긴급한 상황에서는 배를 전체적으로 개조하고 새로 꾸밀 생각을 해야지, 침몰해 가는 배 안에서 여기저기 땜질하는 식으로 복지를 조금씩 늘리겠다는 게 무슨 의미가 있을까요?

오준호 시민사회운동에서는 대체로 조세부담률을 경제협력개발기구 평균인 25% 정도로 높여야 한다고 주장합니다. 그렇게 하면 복지가 확장될 수 있다고 보십니까?

금민 한국의 경제성장률이 2%대로 떨어지고 있습니다. 이런 상황에서 조세부담률을 얼마나 늘릴 수 있겠습니까? 조세부담률을 높이면 된다고 하는 사람들은 기본적으로, 경제가 계속 잘 돌아갈 것이고, 잘 돌아가는 경제에서 사회 양극화가 생기고 있으니까 부자 당신들이 좀 더 내라, 중산층도 좀 더 내라, 그걸로 복지를 하자, 이런 생각이지요. 그러나 이게 불가능하다는 겁니다. 중산층도 지금 다 해체되어 가고, 부자도 상당수가 망해 가고 있는 세상이에요.

모두가 망하기 전에 경제체제를 확 바꾸자, 새로운 사회를 출발시키고 그동안 노동자와 민중이 힘들었으니까 복지체제를 갖추자, 이렇게 설득하는 게 맞다는 겁니다. 고용 없는 성장이라는 말이 신자유주의를 설명하는 방식이었습니다. 그런데 이제는 그마저도 안 됩니다. 고용 있는 성장이든 고용 없는 성장이든, 성장 자체가 한계에 도달했습니다. 그런데도 성장을 전제로 복지를 주장한다? 그건 허구죠.

오준호 그렇다면 금민 운영위원장이 주장하는 복지와 민주당부터 시민사회운동까지 주장하는 복지의 핵심적인 차이는 뭡니까?

금민 현재의 모델을 그대로 두고 복지만 하는 건 불가능하다는 겁니다. 저는 훨씬 더 과감한 증세와 금융 사회화 정책을 통해 모델을 변혁하고 그와 동시에 복지 구조도 확실히 바꾸는 그런 보편적 복지를 하자고 주장합니다. 전 세계 경제가 파국에 와 있는데 한국의 조세부담률이 OECD 평균에 모자라니 어쩌니 하면서 증세를 통해 평균에 도달해 보자? 이건 아니라는 거죠. 사회의 새 출발을 청사진으로 제시하면서 보편적 복지에 대한 동의를 이끌어 내야죠.

오준호 금융 사회화를 말씀하셨는데, 금융 사회화가 보편적 복지와 어떤 관련이 있습니까?

금민 금융 사회화는 은행이나 카드회사 등 금융회사를 국유화하거나 사회적 소유로 만드는 겁니다. 그러면 거기서 나오는 수익을 복지 재원으로 돌릴 수 있습니다. 거기에 토지보유세, 금융자본보유세, 생태세, 이런 것을 만들면 재원이 더 늘어나죠. 이러한 재원 대책도 없이 복지

운동 하자고 하면 앞으로 지지를 받기 힘듭니다. 지금 가계부채가 1,100조 원이 넘고 1인당 평균 부채도 2천만 원이 넘어요. 사람들 주머니를 털어도 나올 돈이 없고, 또 그런 식으로 재원 만들어서는 나눠 줄 수 있는 것도 별로 없습니다. 그런 복지보다는 차라리 가계부채 탕감해 주겠다고 하면 더 많은 지지를 받겠죠.

오준호 하지만 국민들이 재원 대책이나 한계 같은 것을 다 분석한 다음에 복지 정책에 대한 지지를 결정하는 건 아니지 않습니까? 삶이 워낙 팍팍하다 보니 복지를 지지하는 거고, 또 지지하고 관심을 가지다 보면 처음에는 다소 불완전한 아젠다일지라도 점차 실현 가능한 프로그램으로 발전해 가기도 하는 것 아닌가요? 무상급식이 그런 경우였겠죠?

금민 무상급식은 확실히 정서적 공명 효과가 있는 제안이었죠. 차별 없이 아이들 밥 먹이자, 이건 거부할 수 없는 명분이니까요. 같은 맥락에서 '기본소득 합시다!' 는 주장이 국민들에게 매력을 줄 수 있어요. 복지와 관련한 이런 저런 공약을 많이 늘어놓고는 예산이 얼마가 필요하다며 여기서 조금 떼어 오고 저기서 세금 조금 올리고, 이런 식으로 해서는 이해하기도 어렵고 '과연 될까?' 하고 생각하지 않겠습니까? 민주통합당 보세요. 이명박 정부의 세제를 노무현 시절의 세제로 되돌리겠다는 정도를 갖고 부자 증세라고 이야기합니다. 그게 무슨 믿음을 주겠나요?

할 거면 제가 주장해 온 것처럼 대중교통 무료화하겠다, 통신망 무료화하겠다, 기본소득 1인당 60만 원씩 주겠다, 이렇게 해야 와 닿는 거죠.

사람들이 받아야 할 공공서비스는 탈시장화해서 무상으로 제공하고, 가계부채에 허덕이는 사람들에겐 현금을 주자는 거죠. 그럼 재원은 어떻게 마련하냐? 금융을 사회화하겠다는 겁니다. 은행을 국유화하고 숨어 있는 금융자본을 끄집어내 세금을 걷겠다는 겁니다. 아예 금융수탈을 끝내고 경제 자체를 바꾸겠다, 사람답게 사는 세상을 열겠다, 이렇게 한다는 겁니다.

말 나온 김에 유행처럼 나오는 'OECD 평균'이라는 것에 대해서도 좀 얘기하겠습니다. 그 평균이라는 것도 사실 알고 보면 몇몇 나라 때문에 그 수준에 머무는 것이거든요. 한국이나 터키, 이런 나라들이 아래로 잡아당기니까 평균치가 떨어지는 거예요. 조세부담률을 OECD 평균인 25%로 높이자고 하는데, 왜 평균으로만 올려야 합니까? 높일 거면 유럽식으로 높이든지, 아니면 멕시코나 터키 등 비유럽 OECD 국가식으로 하든지, 둘 중 하나죠. 유럽식으로 하면 40%대로 올려야 해요. 한국의 두 배죠. 복지국가 운동을 하시는 분들이 좀 이상한 평균 개념을 사용하고 있습니다. 저는 유럽형으로 할 거냐 비유럽형으로 할 거냐밖에 없다고 봅니다. 그런 평균 개념을 왜 쓰느냐고 그 분들에게 물어보면, 국민을 설득하기 위해 그런다고 해요. 그런 발상에는 문제가 있죠. 끊임없이 단계를 설정하고 앞에 간 나라들을 따라가는 거잖아요.

오준호 앞서 간 나라들을 따라가는 식으로는 제대로 된 복지를 할 수 없다는 말인가요?

금민 복지국가 운동을 하시는 분들에게는 한국이 이미 선진국이라는 전제가 있어요. 선진국인데 왜 복지 안 하냐, 남들처럼 하자, 이런 논리를 제시하죠. 한국 이미 선진국 맞습니다. 그리고 선진국이므로 이미 위기에 와 있습니다. 그럼 다른 선진국에서 하고 있는 것만 해서 이 위기를 벗어날 수 있나요? 새로운 걸 해야합니다. 선진국을 추격할 이유가 없습니다. 북유럽 국가들이 해놓은 것을 따라갈 게 아닙니다. 이미 조건이 똑같고 전 세계 경제체제가 붕괴할 위기에 놓여 있으니 뭔가 미래지향적인 대안을 가지고 자기 나라의 특성에 맞게 창조적으로 바꿔가자, 그런 주장을 해야 한다는 거죠.

오준호 보편적 복지는 중산층도 세금을 더 내고 복지를 체험함으로써 '복지동맹' 을 만들자는 전략이기도 합니다. 즉 복지국가의 주체 세력을 형성하자는 것이기도 하죠. 그렇다면 금민 운영위원장의 복지 전략에서는 주체 세력을 누구로 삼을 건가요?

금민 기본소득이야말로 보편 전략이죠. 거기서는 상위 10%를 제외하고 나머지 90%가 뭉칠 수 있습니다. 일단 가장 열위에 있는 계층인 불안정노동자, 청년 세대가 주력입니다. 이렇게 구도를 짜서 싸움을 크게 해야 합니다. 중산층 중심의 복지동맹 만들자? 여기에는 세금 낼 여력이 없는 불안정노동자들은 애초에 소외됩니다. 게다가 지금은 중산층이 죄다 하우스 푸어house poor가 되고 있어요. '보편 증세' 라는 게 우리도 내니 부자 너희도 내라는 건데, 지금 이런 방식에 샐러리맨들이 동의할 수가 없어요. 불안정노동자, 청년 세대를 주력으로 해서 90%를 뭉치게 하고, 그들의 힘으로 금융수탈을 끝내는 담대한 전략이 필요하죠.

오준호 그런데 이런 정책이 아무리 좋아도 좌파정당이 집권하지 않는 한 실현될 수 없는 거 아니냐는, 게다가 그 집권이 너무 멀어 보인다는 반응도 있을 수 있습니다.

금민 기본소득이나 금융 사회화는 집권 후 프로그램이기도 하지만 스스로를 조직화하는 의제이기도 하죠. 정치 세력화를 위한 무기이기도 하다는 거죠. 집권 가능성이 별로 없어 보이는 군소 정당이 자신이 집권한 후에 만들 세상에 대해 얘기하는 이유가 뭘까요? 그게 비록 정책에 불과하다 해도 그걸 매개로 대중의 투쟁과 저항을 조직하는 것입니다. 새로운 사회에 대한 대중의 열망을 불러일으키고, 새로운 사회가 저 멀리 있는 유토피아가 아니라 현실에서 얼마든지 실현될 수 있다는 확신을 주는 거죠. 힘만 모으면 그 유토피아가 민주적인 과정을 통해 이뤄질 수 있다는 믿음을 주는 겁니다. 그래서 대중에게 이런 정책과 청사진을 제시하는 겁니다. 그건 집권한 후에 뭘 하겠다는 계획서라기보다는 그게 있어야 집권까지 갈 수 있는 일종의 정치 무기이자 조직 무기입니다.

그리고 또 이렇게 집권 후 계획을 밝히는 것 자체가 민주주의 과정입니다. 과거 왕정 시대를 생각하면, 궁중에서 몇몇 장군과 대신들이 음모를 꾸미고 왕의 목을 치죠. 하지만 그들은 집권 후에 뭘 할지 거사 전에는 전혀 얘기를 안 합니다. 철저히 비밀로 일을 진행하죠. 그리고 권좌에 오른 다음에야 계획을 발표합니다. 계획이 아예 없는 경우도 태반이고요. 어쨌든 반민주주의적입니다. 민주주의 시대에는 이와 정반대로, 집권한 후에 자기가 뭘 하겠다는 것을 계속 발표하고 그 공감대를 넓혀가야 합니다. 그런데 한국에서는 이런 정상적인 과정이 별로 없어요. 추상적 가치만 나열하고 슬로건 잘 뽑아서 정치인으로 등장합니다. 이게 문제입니다.

오준호 하긴, 일단 듣기 좋은 공약으로 집권부터 하고 부담스러운
이야기는 뒤에 살짝 처리하려고들 합니다.

금민 노무현 대통령이 집권하기 전에 종합부동산세 하겠다고 떠들
었다고 생각해 봅시다. 부동산 부자들이 반대해 집권이 늦어졌을 수는
있겠죠. 그러나 그런 절차를 밟아 집권했다고 하면, 종합부동산세 고작
2% 올렸다고 그렇게 역풍을 맞는 일이 생겼겠습니까? 비정상적 과정에
편승해서 가다 보니 그렇게 된 겁니다.

국민들이 이미지만 보고 통치자를 뽑을 뿐, 집권 후에 그가 뭔 일을
할지는 아무도 몰라요. 그래서 뭘 좀 개혁적인 일을 한다 하면 다 들고
일어나 반대하고 악선전을 하죠. 그럼 주춤해서 아무 일도 못하고요. 자
기가 하려는 일의 전모를 세상에 노골적으로 공개해야 합니다. 비록 처
음에는 이해를 못 받고 '왕따'를 당하더라도 그렇게 해야 합니다. 조금
씩이라도 공감대를 넓혀야 합니다. 집권이 좀 늦어지더라도, 예를 들면
20년 후에 집권하게 되더라도, 그렇게 하는 것이 정상적인 민주정치라
고 저는 생각합니다.

모든 사람에게 기본소득을

오준호 지난 대선에서 기본소득 공약을 내걸었는데, 그게 한국에서
선거 공약으로는 최초가 아닐까 합니다. 그 뒤로 5년 동안 기본소득에
대한 관심이 사회적으로 높아졌습니다. 먼저 기본소득에 대해 설명을
부탁드립니다. 기본소득이란 무엇입니까?

금민 모든 사람에게, 각각, 어떠한 심사나 자격 조건 없이, 국가나 지방자치단체 또는 사회공동체가 지급하는 급여입니다.

하나씩 짚어보죠. '모든 사람에게'라는 건 보편적이란 얘기이고, '각각'이라는 것은 개별적이란 얘기이고, '국가나 지방자치단체 또는 사회공동체가'라는 것은 제도적이라는 얘기입니다. '모든 사람에게'가 중요합니다. 여기서 그가 직장이 있건 없건, 부양가족이 있건 없건, 이런 것을 심사하지 않고, 또 그가 집에 숨겨 놓은 돈이 있건 없건, 또 노동 여부와도 상관없이 무조건적으로 준다는 성격이 나옵니다. 보편성은 무조건성이란 말로 바꿀 수 있죠.

이런 점이 여타의 복지와 기본소득이 다른 점입니다. 여타의 복지는 전부 심사를 합니다. 예를 들어 국민기초생활보장법을 근거로 생계급여를 지급할 때에는 수급자에게 증명 책임을 요구합니다. 자신이 얼마나 가난한지, 부양가족은 없는지, 얼마나 무능력한지 등을 증명해야 한다는 것입니다. 온갖 사적 정보도 제공해야 하고요. 국세청을 통해 지급되는 근로장려금을 예로 들자면, 자녀가 둘인 부부의 소득을 모두 합해 2,100만 원 미만이어야 받을 수 있습니다. 사는 곳이 자택인지 전세인지, 소유한 자동차는 어떤 것인지, 이런 것도 다 확인합니다. 그러나 기본소득은 심사를 하지 않습니다.

오준호 모든 사람에게 어떤 자격 심사도 없이 준다, 이게 여타의 복지제도와 가장 큰 차이로군요.

금민 고용보험을 통한 실업급여, 또는 한국에서는 아직 실시되지 않으나 조세로 지원하는 방식의 실업부조의 경우를 보자면, 국가기관에 가서 먼저 지금 직장이 없다, 불법으로 일하고 있지 않다는 걸 증명해야 수령할 수 있습니다. 둘째, 내가 자산이 없다, 숨겨 놓은 땅이 없다, 이런 걸 증명해야 합니다. 셋째, 일자리를 구하고 있다는 것을 증명해야 합니다. 찾아간 회사에서 받은 명함 같은 것을 구직 행위의 증거로 가져다 보여 줘야 해요. 기본소득은 그런 게 없죠. 조건이 없어요. 그런데 기본소득과 실업부조 사이에는 이보다 더 큰 중요한 차이가 있습니다.

오준호 그 차이가 뭔가요?

금민 실업부조의 경우에 이른바 '복지 함정'의 문제가 일어납니다. 실업부조를 받으면 취직할 수가 없어요. 예를 들어 100만 원의 실업부조를 받는다고 합시다. 실업부조를 받는 기간에 80만 원이나마 받는 일자리를 구하면 실업부조가 끊깁니다. 그러면 수입이 20만 원 줍니다. 200만 원짜리 일자리를 구하면 되지 않느냐? 그게 쉬웠으면 실업이 지금처럼 문제가 되지도 않겠죠. 그래서 실업자가 자칫하면 실업부조만 받고 살게 되어 있습니다. 실업부조보다 낮은 금액의 일자리를 얻지 않으려 하니까요. 처음에는 수입이 적더라도 그 직장이 안정화되면서 점점 돈을 더 많이 받게 되는 식의 구조가 실업부조에서는 보장되지 않습니다. 한번 실업부조를 받게 되면, 경제가 대단히 좋아져 질 좋은 일자리가 마구 생기지 않는 이상 계속 받게 됩니다.

그러니까 실업부조의 액수가 얼마이어야 하는가를 정하기가 어렵습니다. 너무 많이는 못 주죠. 그 금액 이하를 받고는 일을 안 하려 할 거고, 그럼 일자리가 없어지면서 실업률이 엄청나게 뛸 거예요. 너무 적게 줄 수도 없어요. 인간다운 생활은 보장해야 하니까. 매우 골치 아프죠.

그래서 결국 먹고 살 수만 있는 최소한으로 주게 돼요. 결국 한번 실업
부조를 받으면 헤어나지 못하죠. 유럽 국가에는 대부분 실업부조가 있
는데, 최근에 들고일어나는 사람들은 대개 실업부조를 받는 사람들입니
다. 그들의 불만이 엄청나게 누적되어 있다는 얘깁니다.

　기본소득에는 그런 게 없습니다. 선택적이지 않아요. 실업부조냐 질
낮은 일자리냐, 선택하지 않아도 돼요. 20대 청년 갑수씨가 기본소득을
받으면서도 프리랜서로 일해 '스펙'을 쌓는다든지 할 수가 있는 겁니
다. 여기서는 실업과 고용의 관계가 아프리카와 유럽처럼 바다로 나뉘
어져 있지 않죠. 기본소득이 있는 한, 실업 상태와 고용 상태를 오가며
천천히 이동할 수 있어요. 자신이 바라는 일자리를 향해서.

　오준호　임금노동을 조건으로 거는 복지는 말씀하신 것과 같은 문제
를 일으키는 것 같습니다. 일을 하면 복지 수혜가 없어서 일을 하지 말
아야 하는 문제 말입니다. 앞서 예로 드신 근로장려금의 경우도 소득 제
한이라는 조건이 있어서 도리어 기혼 여성의 노동 의욕을 떨어뜨린다는
이야기도 있습니다. 기본소득의 '보편성'에 대해 말씀해 주셨는데, 이
제 또 다른 요소인 '개별성'에 대해서도 알려 주시죠.

　금민　왜 개별적으로 주느냐? 왜 가족이나 가구를 단위로 주지 않느
냐? 그건 여성 혹은 가사노동자, 청소년의 권리와 연결됩니다. 가장에
게 주는 게 아니라 개인에게 직접 주기 때문에 청소년과 여성의 경제적
독립성과 자율성이 커집니다. 한마디로 개인의 자유가 확대되는 거죠.
　임금노동만이 가치의 기준인 사회에서는 '돈 버는 사람'만 사실상
자유를 누립니다. 시장경제에서 노동하지 않는 사람, 혹은 일이 시장경

제에서 상품으로 팔리지 못하는 사람, 그런 사람은 철저히 배제되죠. 그러나 사람들은 누구나 어떤 식으로든 일합니다. 예컨대 '돌봄노동'은 상품으로 팔리지 않을 뿐 훌륭한 노동입니다. 사회구성원들에게 정서적 행복을 주는 '예술노동' 역시 마찬가지고요. 기본소득은 이 모든 사회적 활동을 인정하는 것입니다. 모든 개인의 자유를 실질적으로 보장하기 위해서는 기본소득을 지급해야 합니다.

그렇기 때문에 기본소득은 앞서 우리가 얘기한 민주공화국을 완성하는 중요한 요소가 됩니다. 민주공화국은 공통의 조건 위에 개별성이 실현되는 국가죠. 그런데 기본소득은 보편성과 개별성의 통일입니다. 모든 사람에게, 각각, 국가가 지급한다는 거잖아요. 우파 공화주의나 근대 공화주의는 덕성이나 정서를 강조하면서 개인의 자유와 권리를 배제하곤 했는데, 기본소득은 그런 한계를 뛰어넘습니다.

오준호　기본소득을 정치공동체, 그러니까 국가나 지방자치단체가 주어야 하는 이유는 무엇인가요?

금민　유엔이 줄 수도 있어요. 전 지구적 기본소득의 도입도 논의되고 있습니다. 국가나 정치 단위가 주어야 하는 이유는, 쉽게 얘기해서 사적인 두레를 만들어 자기들끼리 품앗이해서 n분의 일씩 나누는 것은 기본소득이 아니기 때문입니다. 정치제도를 통해 나누는 것만을 기본소득으로 봅니다. 그것은 기본소득이 민주주의를 실질적으로 만드는 운동이기 때문에 그렇습니다. 민주주의란 사회구성원들에게 보편적 조건을 부여하는 것이니까요.

요즘 저는 기본소득의 기준과 관련하여 '충분성'이라는 요소를 중요

하게 고민하고 있습니다. 얼마를 주느냐, 이건데요, 생활에 충분할 정도
로 주어야 한다는 것이 독일 기본소득네트워크의 입장이고 또 독일 좌
파당의 입장입니다. 그런데 이 문제를 확실하게 정한 곳은 별로 없습니
다. 한국의 기본소득네트워크도 이 점을 확실히 정하고 있지는 않아요.

오준호 독일에서는 기본소득으로 얼마를 주겠다고 하나요? 그리고
한국에서는 얼마가 되어야 할까요?

금민 독일에서는 충분하다는 것이 한화로 150만 원~180만 원 정도
로 논의되고 있습니다. 강남훈, 곽노완 교수가 구상한 안에 의하면, 한
국에서는 300조 원을 마련해 매달 40~60만 원 정도를 주자는 것이죠.
연령이 높아지면서 금액이 올라가 많이 받게 되면 60만 원 정도가 됩니
다. 청소년은 40만 원 정도이고요. 저는 충분성 기준을 택할 경우 기본
소득이 최소한 생계비 수준은 되어야 한다고 봅니다. 60만 원은 충분하
다고 보기 어렵겠죠.

그럼 왜 충분성이 중요하냐? 기본소득으로 비정규직을 해소하기 위
해서입니다. 불안정노동사회를 철폐하기 위해서죠. 저는 금융자본주의
종식과 기본소득을 같이 이야기했는데, 금융자본주의를 종식시켜 그 돈
으로 꼭 기본소득을 줄 필요는 없습니다. 금융에 대해 높게 과세하면 금
융자본의 이동 속도가 떨어지고 금융자본 총량이 줄어듭니다. 또 파생
상품 거래를 규제하고, 금융상품에 대한 등록제를 실시해 불건전한 금
융상품을 못 팔게 하고, 부도 난 은행을 사회화하면 금융자본주의를 억
제할 수 있습니다. 그렇게 만든 돈으로 국방에 투자하거나 토건에 쓸 수
도 있겠죠. 뭣하면 케인스가 말했던 것처럼 폐광에 묻어도 됩니다. 그러

나 신자유주의의 또 다른 측면인 비정규불안정노동사회, 이걸 해소하려면 기본소득이 있어야 합니다. 그래서 충분성 기준이 매우 중요하다는 겁니다.

기본소득으로 불안정노동을 해소하자

오준호 충분성 기준이 어떻게 비정규불안정노동 해소에 도움이 되나요?

금민 최근에는 노동시간 단축을 민주당 후보도 얘기합니다. 문재인과 손학규가 그런 얘기를 하죠. 그런데 노동시간을 단축하자고 하면서 노동자에게 생활수준을 확 낮추라고 합니다. 그래야 기업에게 비용 부담이 없을 테니까요. 그런데 이런 요구는 지금 터무니없다는 겁니다. 노동자가 양보할 수가 없어요.

왜 양보할 수 없을까요? 한국에는 교육과 의료에 복지도 없고, 하우스 푸어가 넘쳐나고, 가계부채도 심각합니다. 연봉이 어느 정도 안정적이라는 정규직이라 해도 지금 빚이 엄청나요. 이 사람들 '개미 투자자'가 되었다가 다 망하고, 집 샀다가 다 망했죠. 엄청난 초과근무 덕에 연봉 그 정도 버는데, 그걸로 애들 대학 보내고 결혼 시키려다 빚더미에 올라 있는 게 지금 생산직 노동자들의 상황입니다. 여기에 대고 양보하라고 하면 먹히겠습니까? 노동시간 단축에 주저하는 것도 이런 이유입니다. 어떻게 해서든 돈을 벌어야 한다는 것이죠. 그러면서 일자리에 목매고, 비정규직을 방패막이로 보게 되죠.

그럼 답이 뭐냐, 생활수준의 급격한 하락 없는 노동시간 단축이 있어야 합니다. 노동시간을 혁명적으로 단축하되 생활수준의 급격한 하락이 없어야 합니다. 물론 일정한 하락은 불가피합니다. 왜? 현재 너무 많이 소비하고 있으니까요. 생태 친화적 사회로 가려면 대량생산과 대량소비의 사회에서 벗어나야 합니다. 하지만 삶의 수준을 급격히 후퇴시키지는 않아야 하고요. 그러므로 노동시간을 확 줄이면서도 생활수준을 큰 추락 없이 보장하려면, 반드시 기본소득이 지급되어야 하죠.

뒤집어 말하면, 기본소득이 지급되는 만큼 노동시간을 단축할 수 있습니다. 기본소득을 일인당 한 달에 50만 원씩 연 6백만 원 준다고 가정합시다. 그럼 4인 가족이 기본소득으로 1년에 2천 4백만 원을 받는데, 애들은 좀 적게 주니까 2천만 원이라고 합시다. 그런데 이 가족은 가장 한 명만 임금을 받고 그 연봉이 6천만 원이라고 합시다. 그러면 연봉에 기본소득을 합치면 8천만 원이 되겠죠. 우리가 말하는 건 8천만 원을 가져가라는 게 아니라, 생활수준이 계속 6천만 원에 맞춰지도록 노동시간을 줄이라는 겁니다. 직장에서 4천만 원어치만 일하라는 거죠. 알아서 그렇게 하라는 게 아니라 법으로 강제하겠다는 겁니다. 야간 노동을 금지하고 주간 30시간만 일하게 만든다는 겁니다. 회사에서 6천만 원 받던 사람이 4천만 원 받고 노동시간을 2/3로 줄이는 거죠. 그 시간을 가족과 보내든 더 나은 일자리를 위해 자기 계발에 사용하든 예술 활동에 사용하든 자유입니다. 그런데 이렇게 노동시간이 줄면 일자리가 몇 개 생깁니까? 세 사람당 하나가 생깁니다.

오준호 노동시간이 줄면서도 생활 조건은 나빠지지 않고 일자리는 늘어나는군요. 기본소득을 통해서요.

금민 이런 단순한 계산으로도 대공장 정규직만 해도 30%의 일자리
가 늘어납니다. 한국은 중소기업이 고용의 70~80%를 담당하고 있는데
요, 중소기업 정규직은 그 정도 월급을 못 받는다고 할 때, 기본소득이
지급되면 노동시간은 단축되고 일자리는 늘어납니다. 모든 국민이 주당
30시간, 하루 6시간만 일하고, 안정적 일자리는 훨씬 많이 늘고, 밤에 일
하지 않고 주간 연속 2교대로 하고, 이런 노동사회로 가자는 거죠. 노동
자를 존중하고 생태계에 부담을 덜 주는 그런 사회로 가자는 겁니다.

그럼 세금을 대단히 많이 내야 하느냐? 아니죠. 기본소득 제도를 시
행하려면 '조세재정혁명'이 필요한데, 이들 노동자들이 추가로 내는 돈
은 없습니다. 위에서 떼는 것이죠. 금융자본과 거대 생산자본을 역逆수
탈해서 가져오는 겁니다. 그래서 기본소득이 충분하면 비정규직이 빨리
사라지는 거고, 그보다 적게 주면 비정규직이 완만하게 해소되겠죠.

오준호 그러면 금융 사회화와 기본소득, 이게 세트로 가야하겠네요.

금민 세트죠. 금융수탈을 철폐해 그 돈으로 기본소득 주고, 기본소
득으로 비정규직 없애자는 거죠. 기본소득은 노동문제에 대한 해법입니
다. 재원은 금융자본주의 해소를 통해 마련하겠다는 거고요.

오준호 기본소득에 대한 여러 비판이 있습니다. 일단 기본소득 자체
를 반대하는 사람들은 기본소득을 주면 사람들이 일을 안 할 거라고 하
는데요.

금민 기본소득은 말 그대로 기본적인 소득입니다. 인간다운 생활을

보장하자는 거죠. 그러나 기본소득을 통해 인간의 다양한 욕구를 모두
충족시킬 수는 없습니다. 아마 기본소득을 받으면서도 각자 필요한 만
큼 노동을 통해 소득을 얻으려 하겠죠. 어떤 사람은 기본소득을 받는 동
안 자신을 계발하여 더 유능한 사람이 될 수도 있을 겁니다. 어쨌든 원
하지 않는 일, 저임금의 열악한 노동으로 내몰리지는 않을 거고, 그 결
과 질 나쁜 일자리는 사라지게 될 겁니다. 노동환경 전반이 개선되는 거
죠. 요즘 대학생이 등록금을 벌겠다며 노동자 폭행하는 용역 회사에서
일하는 경우도 있지 않습니까? 기본소득이 생기면 이런 일은 안 할 거
고, 또 안 하는 게 맞죠.

오준호 기본소득의 의의를 인정하는 사람들도 재원 조달이 가능하
냐는 질문을 많이 합니다. 금융자본을 재원으로 삼는다 했는데, 그럼 금
융자본이 해소되면 그땐 어떻게 하나요?

금민 금융불로소득을 타격하는 것만으로는 재원이 불안정하죠. 기
본소득을 줬다가 나중에 안 줄 수는 없고. 금융자본주의를 안락사 시키
려고 기본소득을 준다고 하면, 금융자본주의가 안락사 하면 더 이상 못
주지 않느냐는 반론이 있죠. 우리의 재반론은 간단합니다. 제2단계 계
획이 있습니다.
제2단계에서는 사회화된 대기업, 사회화된 금융회사와 은행의 이윤
으로 기본소득을 줍니다. 그러니까 고율 과세는 초창기에 금융자본을
고사시키기 위한 작전이었던 것입니다. 국가가 기업을 사들여서, 저 중
국의 보시라이薄熙來가 민영화가 아닌 방식으로 공영기업을 살린 이른바
'충칭重慶 모델' 처럼 운영합니다. 공기업의 이윤을 기본소득을 위한 기

금으로 적립하는 것이죠. 그래서 금융과 생산의 사회화로 넘어간다는 게 제2단계 전략입니다.

기본소득 모델은 세 가지가 있습니다. 첫째는 '지하자원 지분형'입니다. 알래스카에서는 석유 등 천연자원 수출로 알래스카영구기금Alaska permanent Fund을 만들어 그 기금의 수익금을 주민들에게 분배하고 있습니다. 두 번째는 세금을 걷어서 기본소득을 주는 '조세재정형'입니다. 세 번째는 '사회적 소유형'입니다. 금융회사와 생산 기업을 사회화해서 그 수익으로 기본소득의 재원을 마련하는 것이죠. 사회적 소유형에 대한 고민이 그동안은 구체적이지 않았습니다. 그런데 2010년 이후에 유럽에서도 많이 나오고 있습니다. 현재의 금융위기 상황을 반영하고 있는 거죠.

오준호 한국에서는 지하자원 모델은 힘들겠으니, 조세재정형이나 사회적 소유형으로 해야겠군요. 그런데 조세재정형에서는 누구에게 얼마나 걷어 얼마나 줄 건가가 쟁점이 되겠군요.

금민 그렇습니다. 바로 그 지점에서 첨예한 논쟁과 충돌이 일어나죠. 그래서 조세재정 모델은 수도 많고 합의가 쉽지 않습니다. 외국에는 가끔 신자유주의 정당도 기본소득을 지지하는 경우가 있는데, 그럴 때 간접세나 부가세로 재원을 해결하려고 합니다.

독일 좌파당은 상위 10%에게서 걷는다는 거고요. 한국의 기본소득네트워크는 고율의 금융세, 토지세, 생태세와 부자 증세 등을 제시하고 있습니다. 토지 같은 것을 사적으로 소유해서는 안 되는 겁니다. 토지세를 보유세 개념으로 접근해서 연 5% 정도의 세율로 한다면, 10억 원짜리 토지에서 1년에 5천만 원의 세금이 걷힙니다. 토지를 갖고 있는 게 사실상 의미가 없어짐에 따라 토지가 점차 사회화되어 갈 겁니다.

또 금융자본보유세도 있습니다. 어떤 자본은 노동자를 고용해 뭔가를 생산하는 반면, 완전히 생산으로부터 벗어나 있는 진짜 돈놀이 자본도 있습니다. '카지노 캐피탈casino capital' 이라고도 하죠. 그냥 돈이 돈을 만드는 그런 자본, 그런 약탈적 자본에 고율의 세금을 매깁니다. 그러니까 금융거래나 금융자본을 통해 얻는 소득에 과세하는 건 당연하고, 더 나아가 금융자본보유세까지 신설하면 약탈적 금융이 점차 사라지게 됩니다.

그리고 앞서 이야기했듯이 사회적 소유형은 은행과 대기업을 사회화해서 그 이득을 기본소득으로 분배하는 것인데, 이 방식은 사회주의라고 할 수는 없지만 비자본주의적 요소 또는 공유경제의 요소를 가지고 있습니다.

오준호 그런데 그 사회적 소유형에서, 사회화된 금융기업이나 공기업이 충분한 기본소득을 계속 지급하려면 결국 생산력을 높여야 하는 문제가 생기지 않을까요? 생태적 한계에도 불구하고 재원 마련 때문에 계속 성장해야 하는 딜레마에 부딪치지는 않을까요?

금민 앞서 기본소득의 재원을 마련하는 것과 관련하여 제2단계까지 이야기했는데, 그 뒤에 제3단계가 있죠. 이미 그쯤이면 사회화가 완전히 진행된 상태이기 때문에 경제체제가 달라져 있을 것입니다. 그러면 이제는 근로소득세에 손을 대야겠죠. 예를 들어 천만 원 버는 사람이면 국가에 5백만 원 내게 합니다. 버는 것의 50%를 갖게 될 것이고 거기다 일정한 기본소득을 모두에게 지급하는 방식으로 하면 됩니다. 성장 경쟁을 되풀이할 필요는 없죠.

오준호 기본소득을 주게 되면 자본계급이 현재의 근로소득을 낮추려는 근거로 삼을 수 있지 않느냐는 비판도 있습니다. '기본소득 받지 않느냐, 그러니까 회사에서 굳이 월급 많이 안 받아도 되지?' 이러면 어쩌나요?

금민 그런 우려는 타당합니다. 그래서 최저임금도 반드시 인상해야 합니다. 아니면 자본가들이 '임금 덤핑'을 할 수 있어요. 독일에서는 최저임금에 대한 보조금 또는 보조임금을 '콤비임금Kombilohn'이라고 하는데, 기본소득이 콤비임금이 되면 자본가들이 임금을 낮출 유인이 발생하죠. 따라서 기본소득이 도입된다고 해도 최저임금 인상 투쟁을 해야 합니다. 안 그러면 문제가 커요. 저임금노동을 보유한 자본가들에게 국가가 보조금을 주는 꼴이 되죠.

기본소득, 노동시간 단축, 최저임금 인상. 이 세 가지를 저는 '트로이카 트럼프'라고 부릅니다. 기본소득 지급과 함께 그만큼의 노동시간을 강제로 줄이게 해야 합니다. 노동시간 상한제로 노동시간 확 줄여야 해요. 안 그러면 돈 많이 생겨 흥청망청 쓰는 걸로 오해할 수 있습니다. 소득 규모를 유지하면서 노동시간을 단축하는 게 우리의 목적입니다. 그리고 최저임금 올려서 노동의 질 높여야 합니다. 이 세 가지가 트로이카이고, 그 중에 트럼프, 즉 으뜸이 되는 패는 기본소득입니다. 기본소득이 들어가야 다른 걸 할 수 있어요. 기본소득이 없이 다른 것들만으로는 불안정노동 철폐가 힘듭니다.

오준호　기본소득은 탈노동사회를 가져온다고 이야기되기도 하더군
요.

금민　'탈脫노동'이란 말은 노동을 안 한다는 건데, 기본소득이 도입
된다고 노동을 아예 안 하진 않죠. 다만 새로운 종류의 노동사회가 오겠
죠. 새로운 종류의 완전고용 사회가 될 겁니다. 물론 기본소득으로는 부
족해도, 그만큼 노동을 안 해도 되니까 노동시간이 줄어드는 효과는 분
명히 있습니다. 그에 해당하는 만큼 탈노동이 일어난다고 할 수 있죠.
그런 의미에서 기본소득이 임금노동으로부터 탈피하는 수단이 될 수 있
습니다. 기본소득은 근대를 지배하는 '노동 숭배' 이데올로기를 극복하
면서 '노동으로부터의 해방'을 가능케 해 줍니다.

탈노동도 중요하지만, 지금은 '영혼을 팔아서라도' 취업하려는 청년
들이 넘쳐나는 시대이기도 합니다. 좋은 일자리는 말라붙고 비정규직만
넘쳐나는 사회죠. 이들의 고통도 헤아려야 합니다. 그런데 탈노동의 수
단인 기본소득이 자리 잡으면, 현재의 노동사회를 재편할 수 있습니다.
모두가 노동할 수 있도록, 적어도 일하고 싶은 사람은 다 할 수 있게 하
는 거죠.

오준호　노동자들 입장에서 보자면, 기본소득이 사용자들에 대한 교
섭력 강화에 도움이 되겠군요. 사용자들에게 훨씬 덜 의존할 수 있을 테
니까요.

금민　그렇죠. 노동자들이 파업 한번 하려 해도 생계 문제 때문에 망
설이게 되잖아요. 정규직의 경우, 직장에서 자녀 학자금까지 다 보조 받

으니, 해고라도 되면 이건 단순히 불편한 정도의 문제가 아니게 됩니다. 인간다운 삶과의 끈이 다 끊어져 버리는 겁니다. 그러니까 더 고개 숙이고, 기라면 기는 시늉이라도 할 수밖에 없습니다. 그런데 기본소득이 보장되면, 노동자가 자본가와의 협상에서 공세적으로 나올 수 있게 될 것입니다. 게다가 노동시간 단축으로 비정규직이 사라지니까 사업장에서의 분할 지배도 사라지죠.

오준호 기본소득이 노동자가 아닌 사람들, 가령 영세 자영업자들에겐 어떤 영향을 줄까요?

금민 한국의 영세 자영업자들이 지금 거의 전멸로 가고 있습니다. 이들이 약 650만 명입니다. 또 사실상 실업자가 300만 정도이니, 합쳐서 9백만 이상의 사람들은 비정규직도 아닌데 비정규직보다 더 힘들죠. 이 사람들이 경제적으로 학살되고 있어요. 자영업자들의 상당수는 직장에서 퇴출된 후 식당이라도 열었다 망한 사람들입니다. 이들에게 일자리를 줘야 합니다. 그런데 이들에게 일자리 주는 방식이라는 것이 주로, 생산을 확대하고 공장을 짓는 건데, 그건 불가능하죠. 세계시장이 수축되고 있고, 물건을 만들어 봐야 팔리지도 않는 불경기잖아요. 또 생태적 한계도 있고요. 기본소득을 통해 노동시간 단축하고 그걸로 일자리 만드는 방식밖에 없죠.

오준호 기본소득 제안은 오늘날 한국 사회의 가장 심각한 문제인 비정규직 해소와 연결된다는 점에서 단순히 복지제도가 아니군요. 새누리당부터 안철수까지 모두 비정규직 문제를 중요하게 내거는 상황입니다만.

금민 비정규직 문제에 대해 가령 이렇게 생각하는 사람도 있을 것입니다. 기업들 너희가 전원 정규직화해라, 자본이 책임져라, 이렇게 요구해야 한다고 생각할 수도 있다는 겁니다. 그런데 중소기업이 고용의 80%를 담당하고 있는 한국에서 개별 자본가에게 정규직화를 다 책임지라고 하면 알아서 망해 달라는 얘기가 됩니다. 그래서 주요 정당들이 할 수 있는 얘기란 게 비정규직 차별을 완화해라, 공공부문 비정규직을 정규직화하겠다, 이 정도가 됩니다. 전체 자본에 다 요구하자니 실현이 안 되고, 그래서 보조금을 주는 방법도 있긴 합니다. 하지만 그렇게 돈을 들이나 기본소득 하나 비슷할 겁니다.

책임 있는 정치 세력이라면 사회 전체에 대한 디자인을 통해 문제를 해결해야 합니다. 총자본, 총노동, 국가, 이렇게 모두가 책임을 지도록 만들어야죠. 개별 자본가들에게만 책임지라고 하면서, 또는 노동자들만 고통을 전담하라고 하면서, 사회 전체의 디자인을 바꿀 책임은 왜 방기합니까?

오준호 기본소득이 도입되면 다른 복지는 어떻게 됩니까? 복지에는 공공서비스도 있고 사회보험도 있지 않습니까? 특히 국민연금은 고령화 시대로 가면서 국민 부담이 커지는 제도이기도 하죠. 이런 것도 기본소득에 통합되게 되나요?

금민 기본소득 지지자들은 공공서비스를 확대하자고 주장합니다. 의료, 주거, 보육, 노후, 교육 등 공공서비스는 민주공화국의 기본 조건이기 때문에 시장에 넘어가서는 안 되죠. 기본소득을 도입하면 이런 공공서비스에 쓸 재원이 사라지지 않느냐는 비판도 있는데요, 이명박 정

부가 공공서비스를 민영화하려고 하는 게 기본소득 주느라 돈이 없어서
는 아니지 않습니까? 공공서비스에 대한 예산 삭감이나 민영화는 본래
신자유주의 정부들의 특징입니다. 이에 대응하는 투쟁은 기본소득과 별
도로 해야 합니다.

　사회보험은 유지할 수도 있고 다른 방식으로 재편할 수도 있습니다.
설계의 문제입니다. 예를 들어 실업보험은 기본소득 도입과 함께 의미
가 없어지게 될 것입니다. 국민연금도 의미가 없어질 것이지만, 이미 본
인이 납부한 돈을 뺏을 수는 없을 것입니다. 그런 사람들에게는 과도기
적으로 연금을 줘야겠죠. 의료보험은 보험형 체계를 그대로 둔 채 조세
로 지원하는 이른바 '조세지원형'으로 갈 건가 아니면 영국의 국가건강
서비스NHS 경우처럼 의료비를 보험료가 아닌 세금으로만 처리하는 '완
전조세형'으로 할 건가, 생각해 봐야 합니다. 아마 당장에는 '조세지원
형'으로 가야 한다고 봅니다. 어쨌든 결국에는 자기 부담은 0원이 되는
완전 무상의료로 가야겠죠. 공급 측면에서도 공공 의료를 대폭 확대하
고요.

　오준호 기본소득에 대한 진보진영의 비판을 하나 더 언급하자면, 기
본소득과 같은 분배 개혁으로 사회의 생산구조를 바꿀 수 있겠느냐는
비판도 있습니다.

　금민 소유관계를 왜 안 건드리느냐는 질문인데, 이미 금융 사회화,
생산 기업 사회화를 설명하면서 답한 셈입니다. 우리는 기본소득을 조
세재정형으로만 주장하지 않습니다. 기본소득을 통해 사회적 소유로 이
행한다는 전략을 갖고 있습니다. 하지만 사회화에 대해 상세히 밝히지

는 않았는데, 이제 도입을 할 것인지 말 것인지 논하는 상황에서 너무 깊이 설명할 필요는 없다고 생각해서입니다. 저는 기회 있을 때마다 사회적 소유 문제에 대해 이야기했습니다. 기본소득이 도입되면 생산구조가 바뀝니다.

어떻게 바뀌느냐? 사회적 경영이 수립되는 겁니다. 재벌의 지배적 소유를 사회적 소유로 바꾸는 거예요. 사회기금이 지배주주가 되어서 총수 일가에게서 경영 지배권을 뺏고 새로운 경영진을 지명합니다. 이제까지와는 좀 다른 의미에서 관치 경영을 한다는 거죠. 노동자 자주 경영과 사회적 경영의 공동결정, 공동경영 방식으로 해야 합니다. 사회 전체와 노동자 민주주의가 같이 간다는 것입니다.

오준호 어떤 국가가 올바른 국가인가, 이 질문에서 시작해서 기본소득까지 왔습니다. 마지막으로 정리해 주시죠.

금민 민주공화국은 국민 모두가 주권자인 나라, 진정한 모두의 나라입니다. 그것은 이 나라엔 양반 상놈이 없다는 뜻만도 아니고, 모두에게 한 장씩 투표용지가 주어진다는 뜻만도 아닙니다. 역사는 그러한 신분 해방과 시민권 획득의 과정을 죽 거쳐 왔습니다. 앞으로는 모든 사회구성원이 인간다운 사회경제적 조건을 누리는 시대로 나아가야 합니다. 그러한 사회적 조건을 갖춘 나라가 바로 진정한 민주공화국이죠.

모든 국민이 인간다운 생활에 충분한 기본소득을 받고, 의료, 교육, 주거, 보육, 노후 등에서 기본적인 복지를 보장받을 때에만, 그래서 누구나 자유롭게 정치에 참여하고 주권을 행사할 때에만, 헌법에서 말한 대로 대한민국은 민주공화국이라고 할 수 있겠지요.

이와 같은 정치공동체를 위해 신자유주의를 종식시켜야 합니다. 약탈적인 금융자본과 공룡이 된 재벌 체제를 해소하자, 그 과정에서 재원을 만들어 기본소득과 공공서비스를 국민에게 제공하자, 그래서 비정규직과 불안정노동이 사라진 사회를 만들자, 이렇게 정리할 수 있겠습니다.

신자유주의의

파국

무엇을

할것인가

03

신자유주의의 파국, 무엇을 할 것인가

주주자본주의에 대한 통제냐 경제민주화냐

오준호 얼마 전에 인터넷 언론『프레시안』에서 한국 경제 논쟁이 뜨거웠습니다. 장하준 캠브리지대학 교수, 정승일 복지국가소사이어티 연구위원, 이종태『시사인』기자 등을 한편으로 하고, 정태인 새로운사회를여는연구원 소장과 이병천 교수 등을 다른 한편으로 해서 논쟁을 했는데요, 쟁점은 이런 것입니다.

장하준 등은 한국 경제위기의 주범을 재벌이 아니라 금융자본과 주주자본주의로 봅니다. 재벌 역시 금융자본의 '기업사냥꾼들'에게서 경영권을 방어해야 할 처지여서, 이를 위해 순환출자나 편법 상속을 행한다는 것입니다. 총수 일가의 편법과 사회적 무책임은 비난받아야 하지만, 그렇다고 재벌을 해체하면 해외 투기자본에게 우량 기업을 넘겨주는 꼴이 된다는 것이죠. 그래서 사회적 타협을 통해, 재벌의 경영권을 보장해 주는 대신에 재벌이 복지국가 발전에 기여하고 미래 산업에 장기적 투자를 하도록 요구해야 한다는 겁니다. 경영권 보장해 줄 테니 세금 더 많이 내고 노사관계나 하청기업과의 관계도 정상화하라는 거죠. 그리고 특별히 기업집단을 규제할 법률을 제정해야 한다고 합니다. 이들은 '큰 정부 – 대기업' 체제, 스웨덴식 복지국가를 주장합니다.

반면에 정태인 등은 '경제민주화'를 주장합니다. 재벌의 경제력 독점, 총수 일가가 그룹을 소유하고 지배하는 왜곡된 구조, 노동자와 계열사에 대한 재벌의 부당한 행태 등을 규제해야 한다고 합니다. 그래서 출자총액제한제와 순환출자 금지를 주장하고요. 박정희 정권을 어떻게 볼 것인가에 대해서도, 장하준 등은 박정희의 반시장적, 결국 자본 통제적 성격은 인정하고 계승하자는 입장인 반면에, 이병천은 박정희가 친시장적이었고 재벌과 동맹하여 노동계급을 더 강하게 통제했다고 지적하죠.

이 논쟁을 보다 보니 경제민주화의 의미를 정확히 규정해야 할 필요를 느낍니다. 우리 헌법에 경제민주화에 대한 언급이 있다고 하는데, 그게 어떤 것입니까?

금민　제119조 제2항이고 그 내용은 이렇습니다. "국가는 균형있는 국민경제의 성장 및 안정과 적정한 소득의 분배를 유지하고, 시장의 지배와 경제력 남용을 방지하며, 경제주체간의 조화를 통한 경제의 민주화를 위하여 경제에 관한 규제와 조정을 할 수 있다." 국가가 경제에 규제와 조정을 할 수 있고 그 목적 가운데 하나가 시장의 지배와 경제력 남용을 방지하는 것, 즉 경제력 독점을 방지하는 것으로 되어 있습니다. 게다가 '국민경제의 성장 및 안정'과 '적정한 소득의 분배'도 언급하고 있습니다. 소득 불균형, 독과점, 경제력 집중 등을 언급하고 있으니 재벌 체제를 겨냥한 것이라 할 수 있죠.

오준호 재벌 문제를 빼고는 경제민주화를 이야기할 수 없다는 건가요?

금민 그렇죠. 현재 100대 그룹 자산이 1,446조 원이에요. 그중에서 삼성, 현대차, LG, SK 등 4대 그룹의 자산이 671조 원입니다. 100대 그룹 자산 총액의 46.4%가 4대 그룹의 것입니다. 매우 과도한 경제력 집중이죠. 이 경제력 집중을 해소하자는 점에서 경제민주화는 필요합니다.

10대 그룹의 총수의 지분은 0.94%에 불과합니다. 이건희의 지분은 0.52%이고, 제일 낮은 게 SK 최태원인데 0.04%입니다. 0.04%의 지분을 가지고 SK 전체를 지배하고 있죠. 그런데 어마어마한 자산의 재벌을 고작 이 정도 지분을 소유한 총수 일가가 어떻게 지배하느냐? 순환출자라는 방법입니다. 내부지분율이라는 것이 있는데요, 총수, 그리고 그와 이해를 같이하는 사람이나 법인이 차지한 지분이 전체에서 차지하는 비율을 의미합니다. 그러니까 총수 뜻대로 움직이는 지분인 셈인데, 10대 재벌의 내부지분율이 55%를 넘습니다.

오준호 재벌 총수들이 매우 낮은 지분에도 불구하고 그룹 전체를 지배한다면 확실히 비민주적이라고 할 수 있겠군요.

금민 그래서 순환출자 금지나 출자총액제한제도 같은 해법이 나올 수 있습니다. 헌법에 경제력의 집중을 해소하고 특히 경제력 남용을 방지한다는 조항이 있으니까요. 순환출자를 금지하고 출자총액제한제도를 엄격하게 적용하면, 계열사들이 분리되고 총수 일가의 지배력이 그룹 전체에 미칠 수 없게 되죠. 그래서 지난 총선 때 통합진보당 이정희

나 유시민이 30개 대기업을 3,000개로 쪼개자고 제안했잖아요? 그 발상
이 여기서 나온 겁니다. 여기까지가 경제민주화 주장입니다.

사기업을 왜 국가가 건드리냐고 재벌이 저항할 수는 있어도, 우리 헌
법에 규제와 조정을 할 수 있다고 되어 있어서 위헌은 아닙니다. 충분히
순환출자를 금지하거나 출자총액제한제도를 적용할 수 있습니다. 아니
과거에는 있던 것이니 출자총액제한제도를 부활시킬 수 있다고 하는 것
이 맞겠죠. 그런데 문제는 미래를 전망할 때 어떤 조처가 적절한가 하는
것인데, 저는 핵심을 다른 데서 찾아야 한다고 봅니다.

오준호 그 다른 데란 무엇을 말하는 것이죠?

금민 일단, 앞에서 소개한 한국 경제 관련 논쟁이 한국 사회의 미래
에 비춰봤을 때 엄밀하지 않다는 점을 짚어야 하겠습니다. 장하준 교수
는 주주자본주의를 경계하면서 재벌에 대해서는 경영권을 보장하자는
입장이고, 이에 반대하는 사람들은 재벌 해체를 주장합니다. 기업의 활
동이 기업과 관계된 다른 이해당자자들이나 사회를 고려하지 않고 주주
만의 이익을 위해 이루어지는 것을 주주자본주의라 하는데요, 재벌 해
체 주장이 의도치 않게 이런 주주자본주의를 도와줄 수도 있습니다. 그
래서 저는 그 논쟁이 상당히 피상적이라고 봅니다. 현재의 한국 사회를
진단하고 경제가 나가야 할 전망을 제시한다고 할 때, 어느 쪽에도 선뜻
동의할 수 없다는 겁니다.

일단 재벌의 왜곡된 지배력, 이거 굉장히 중요한 문제이긴 합니다.
그 지배력을 해소하는 거 필요합니다. 동시에 기업의 경영권을 금융자
본으로부터 방어해야 하는 문제도 중요한데, 그걸 꼭 그런 식으로 해결

해야 하는가, 이게 제 문제의식입니다.

장하준은 지금 재벌의 경영권 보호를 주장해서 논란이 되는데, 만약 재벌이 아니라 국민적 기업의 경영권이라고 하면 경영권을 보호하자는 주장이 문제가 안 될 것입니다. 삼성이 이건희의 개인기업인지 국민의 기업인지, 이걸 따져야 합니다. 지금의 삼성은 이건희의 기업입니다. 이건희가 온갖 편법을 써서 제 멋대로 움직이고 있지 않나요? 그럼 삼성을 국민의 기업으로 만들어 버린다면 어떻게 되는가? 국민의 기업으로 만든 다음에 그 기업의 경영권을 금융자본으로부터 방어하자, 이렇게 문제를 달리 설정할 필요가 있습니다.

오준호 재벌 개혁과 금융자본으로부터의 방어라는 두 문제를 종합하면서 해결하는 어떤 방법이 있다는 말씀이군요.

금민 그렇습니다. 문제의 재설정이 필요합니다. 저는 두 입장의 대립은 피상적이라고 했습니다. 장하준의 모델은 1950~60년대 황금기 자본주의의 패러다임입니다. 은행자본주의와 대기업 체제죠. 은행은 은행의 기능을 제대로 하고, 정부는 금융을 통제하기도 하고 사회적 협약을 통해 대기업 경영권도 방어해 주고, 그런 경로로 스웨덴식 사회복지국가로 가자는 모델입니다. 1950~60년대 유럽 국가들이 다 그런 모델을 따랐고 지금은 스웨덴만 그런 모델로 살아남은 것입니다. 그런데 이런 복고운동이 지금 가능한가? 한국에서는 가능한가? 전 세계적으로 불가능하고 한국에서도 불가능하다는 거죠.

반면에 주주자본주의, 신자유주의를 그냥 두고 재벌만 해체하면 된다는 입장도 우려를 느끼게 합니다. 이건 자칫하면 김대중 정부 이래로

자리를 잡은 기본 방침을 그대로 되풀이하는 것에 불과할 수 있습니다. IMF 사태 동안 김대중 정부가 주주자본주의의 외부효과로 일정하게 재벌 체제에 타격을 가했던 것 아닌가요? 대기업 순위 4위였던 대우가 공중분해 되었죠. 김대중이 IMF를 통해 재벌 체제에 충격을 가했는데, 그와 동시에 주주자본주의가 한국에 내면화되었습니다. 그저 재벌 해체만 주장하면, 이러한 신자유주의 방식을 재벌 경제력 집중 방지에 이용하자는 얘기가 된다는 겁니다.

두 입장 모두 문제를 해결하고자 하는 지반이 가상적이에요. 지반이 허구적입니다. 왜냐? 하나는 현실에 존재하지 않는 1950~60년대 자본주의 모델, 스웨덴의 특수 모델에 입각해서 문제를 바라보고 있습니다. 다른 하나는 앞으로 5~6년 안에 역사의 뒤안길로 사라질 신자유주의 시스템을 영구불변의 것으로 전제하고 있습니다.

오준호 장하준 등의 모델은 자본주의 황금기에 유럽 사회민주주의 국가들이 시행했던 모델이고, 그에 대립하는 분들은 사실상 신자유주의 경제라는 모델 위에 서 있다는 거군요. 그리고 둘 다 현실적으로 작동 불가능하고.

금민 대기업 경영권을 금융시장으로부터 방어하고 그와 동시에 재벌 총수 일가의 경제력 남용을 폐절하는 그런 방책은 무엇이냐? 사회화입니다. 대기업 사회화를 통해서 정부와 국민이 경제를 통제하는 수준을 높이자, 대기업을 국민의 기업으로 만들자는 겁니다.

금융 사회화가 제일 중요하다고 봅니다. 주요 은행과 금융기관을 사회화해야 합니다. 우리나라 5개 금융지주회사의 자산이 1,700조 원이 넘습니다. 국내총생산보다 5백조 원이나 많죠. 이들 금융회사와 은행을 사회화하고, 그 은행들이 생산 대기업에 갖고 있는 채권들을 실제 경영에 참가할 수 있는 권한으로 활용해야 한다고 봅니다. 단순히 돈 빌려 주고 이자 놀이만 하는 게 아니고요. 이것은 상법을 개정하면 됩니다. 과거 은행자본주의 시대를 보면, 은행이 돈 빌려 주면서 채권단으로 기업 경영에 참가합니다. 채권과 증권의 차이가 별로 없는 거죠. 사회화된 '공공은행'이 갖고 있는 채권을 근거로 감사와 사외이사를 파견해서 경영에 참여하는 방식이 되어야 합니다.

연기금으로 재벌 기업을 사회화하자

오준호 사회적 금융기관이 기업에 돈 빌려 주고 그걸 근거로 기업 경영에도 개입하자는 말씀이군요. 사회적 경영의 일환으로 말이죠.

금민 예. 금융 사회에 이은 사회화의 두 번째는 국민연금기금, 이른바 연기금을 이용한 재벌 기업의 사회화입니다. 국민연금기금은 국민이 주인입니다. 국민연금기금으로 기업을 사회화하면 국민이 기업의 주인이 되는 거죠. 연기금이 현재 300조 원이 넘는데, 이 연기금이 소유한 주식은 상장사 주식 시가 총액의 4.6%가 넘습니다. 연기금이 5% 이상 지분을 가진 기업도 139개나 됩니다. 삼성전자의 경우, 국민연금관리공단 지분이 6.59%이고 이건희 회장 지분이 3.38%입니다.

앞서도 이야기했지만 10대 재벌 총수의 실제 지분은 평균 0.94%에 불과합니다. 그래서 국영은행과 연기금을 좀 더 과감하게 이용하면 당장이라도 10대 기업의 최대 주주가 될 수 있고, 사실상 10대 재벌을 공적으로 경영할 수 있게 됩니다. 공적 기관이 총수 일가의 경영권을 뺏을 수 있다는 거죠. 총수 일가가 지금까지 잘한 게 뭐냐, 그리고 앞으로 더 잘못할 가능성도 크다, 그 사람들 없다고 삼성이나 현대가 안 돌아가느냐, 이런 걸 따지며, 이제 공적으로 경영하겠다고 하는 거죠. 사회적 통제를 통해 훨씬 더 장기적 안목으로 잘 돌아가게 한다는 겁니다.

다만 논란의 여지가 있는 것은 현재의 연기금이 적립식이라는 점입니다. 낸 돈을 쌓아 놓는 제도인데, 우리가 기본소득 도입을 이야기하는 만큼 언젠가는 이건 사라져야겠죠. 하지만 어쨌든 이미 적립되어 있는 돈은 있으니, 그걸 어떻게 활용하느냐가 문제입니다. 지금은 이 연기금을 주주자본주의 방식으로 투자하고 있어요. 수익성을 원칙으로 하고 있죠. 그동안 고수익을 좇아 리먼 브라더스Lehman Brothers Holdings Inc. 같은 데다 막 투자했습니다. 그러다가 실적이 좋지 않아 투자한 돈이 얼마 남지 않기도 했고요.

연기금 운영과 관련된 법률을 바꿔야 해요. 주주자본주의 방식의 수익성 투자를 못하게 해야 합니다. 그럼 어떤 원칙으로 투자하느냐? 사회적 목적에 따라 해야죠. 헌법 제119조 제2항에 있는, 국민경제의 성장과 안정, 적정한 소득의 분배라는 목적에 따라서 투자해야 합니다.

오준호 연기금을 통한 대기업의 사회화라? 자본주의 논리를 이용한 자본주의 통제 방법이군요. 그런데 현재의 연기금이 대기업에 지분을 갖고 있으면서도 그런 사회적 역할을 못하는 이유는 뭔가요?

금민 앞서 말씀드렸듯이 연기금 운영 원칙이 금융자본주의 원칙이어서 그렇습니다. 지금의 연기금은 기업의 사회적 책임을 목적으로 하

거나 미래 산업의 성장을 통해 장기적으로 수익을 얻는 것을 목적으로
하는 것이 아니라, 금융자본주의 시장에서 단기적인 수익을 창출하라는
명령을 받고 있죠. 장기적 수익 중심으로 바뀌어야 합니다. 국민경제 전
체의 성장을 통해 수익을 창출하고 그것을 국민에게 돌려주는 방식으로
운영되게 해야 하는 것이죠. 그리고 연기금 운영에 대한 민주적 통제도
중요합니다. 국가의 돈이 아니라 국민의 돈이잖아요? 국민연금기금운
영위원회에 비정규직노동자나 청년의 대표가 들어오게끔 해야겠죠.

오준호 그럼 연기금을 통해 삼성이나 현대를 사회화할 수 있다는 건
가요?

금민 현대나 삼성의 내부 지배가 어떻게 이뤄지는가를 보면 단순한
순환출자가 아니라 지주회사가 있습니다. 에버랜드가 삼성생명에 출자
하고, 삼성생명이 삼성전자나 삼성반도체 등을 지배하고, 삼성전자가
삼성카드를 지배하고, 또 삼성카드가 에버랜드로 거꾸로 순환출자 하는
방식이죠. 여기서 삼성생명이 지주회사 역할을 하죠. 그런데 에버랜드
가 가진 삼성생명 지분이 19.3%입니다. 그리고 에버랜드의 이건희 지분
이 3.4%이고 이재용 지분이 25.1%입니다. 이건희와 이재용이 에버랜드
를 통해 삼성생명을 지배하고, 결과적으로 그룹 전체를 지배하는 구조
가 됩니다. 삼성생명의 자산은 보험에 가입한 사람들이 낸 돈이잖아요?
그걸 이건희 일가가 제 쌈짓돈처럼 쓰면서 지배력을 휘두르고 있죠.
　꾸준히 에버랜드의 상장 얘기가 나오고 있는데요, 상장이 되었을 때
이 에버랜드에 은행의 채권과 연기금으로 개입한다고 가정해 봅시다.
그러면 이재용보다 많은 지분을 가질 수 있습니다. 그러면 에버랜드를

통해 삼성생명에까지 사회적 경영을 수립할 수 있겠죠. 그리고 차근차근 허용된 순환출자를 통해 이건희 일가의 모든 경영권을 박탈할 수 있습니다. 그 이후에 순환출자 금지를 도입할지 말지는 별도로 논의할 수 있는데, 중요한 건 그때는 이미 이건희 일가의 경영권은 사라졌다는 겁니다. 재벌과 타협할 건가 말 건가, 이런 논란 자체가 사라진다는 겁니다.

현대자동차 역시 대주주가 현대모비스이고, 현대모비스에 연기금의 지분이 약 6%입니다. 7조 원 정도만 더 보태면 정몽구 회장의 지분을 능가하게 됩니다. 그러면 연기금이 현대차까지 지배할 수 있죠. 현재 문제가 되고 있는 현대차의 비정규직 문제도 사회적 경영을 통해 정규직화라는 해결에 도달할 것입니다.

오준호 총수 경영권을 뺏고 나서 순환출자를 없앨 수 있단 말이군요.

금민 그렇죠. 공적인 금융지주회사가 전체 기업을 다 책임지고 경영할지 소규모 기업으로 나눠 독립채산으로 운영할 건지 선택할 수 있겠죠. 일단 핵심 고리인 총수 일가 경영부터, 그들의 터무니없는 지배력부터 해결하는 게 급선무고요. 사회적 통제를 전제로 해서 경제체제를 민주적으로 결정하면 됩니다.

오준호 예전 진보세력들의 '재벌 해체' 입장에서 보자면, 연기금을 통한 개입 역시 주주자본주의 방식 아니냐고 물을 수도 있겠는데요?

금민 전혀 아닙니다. 주주자본주의는 단기 순이익을 창출하려 투자

하는 거고요, 저는 연기금 운영 원칙을 헌법상의 사회적 목적에 따르는 것으로 정하자는 겁니다. 그게 수익 면에서도 가장 안정적입니다. 왜 그러냐? 주주자본주의의 제일 큰 문제는 그 누구도 기업의 장기적 전망에 관심이 없다는 겁니다. 경영자든 투자자든 단기 순이익에만 관심이 있어요. 금융자본이 그런 방식으로 움직이니까 생산자본도 그렇게 되죠. 기술 개발이나 혁신은 내팽개치는 겁니다.

제가 얼마 전 구미의 KEC반도체 노동조합을 방문한 적이 있습니다. 복수노조 도입된 후에 사측이 민주노조를 탄압해서 과거 지회장이 분신하기도 했던 노조입니다. 그런데 KEC 사측이 뭘 하려고 하는지 아세요? 공장 부지 일부를 개발해서 거기에 백화점 만든다고 합니다. 그 차익이 3천억 원 이상이라고 하더군요. 회사가 생산성 높일 생각은 안 하고, 입만 열면 강성노조 때문에 생산성이 떨어진다고 하면서, 공장 부지에 백화점을 짓는다는 게 말이 안 되죠.

거기만 그런 게 아닙니다. 작년에 김진숙 지도위원이 크레인에서 농성한 한진중공업도 영도조선소를 폐업하고 부지 파는 게 훨씬 이익이라면서 그렇게 하려고 합니다. 한마디로 지대적 수탈이에요. 정부로부터 공장 부지를 헐값에 받아놓고, 이제 와서 그걸 팔아 엄청난 지가 차익을 거둬들이려고 합니다. 생산 기업이 금융회사처럼 돌아가고 있는 거죠.

오준호 앞서의 금융자본 통제냐 재벌 개혁이냐, 이 논쟁을 발전적으로 극복하면서 새로운 대안을 내놓는 거라고 할 수 있겠군요. 사회적 금융을 가지고 재벌 총수의 경영권을 뺏고, 투기자본도 막고, 그러면서 재벌을 민주적으로 통제한다는 게, 사회적 목적에 맞게 기업이 운영되게 만든다는 거군요.

금민 자산이 1,446조 원이나 되는 대기업 전체를 정부가 관리할 것인지 아니면 적절히 분산할 것인지, 이런 문제는 남죠. 일단 총수 일가의 경영권은 박탈하고 경영 책임은 공적 기관이 지고, 사회적 목적에 입각해 잘 경영할 사람을 뽑아야죠. 순환출자를 금지해서 책임을 분산시킬 수도 있고요.

오준호 그렇다면 사회화된 기업에 어떤 변화들이 생기겠습니까?

금민 국민경제의 성장과 안정, 적정한 소득 분배라는 헌법의 목적에 근거해서, 노동삼권 확실히 보장하고, 불법파견 상태의 비정규직노동자들 정규직화 하게 될 것입니다. 물론 이 문제는 전 사회적 노동시간 단축과 함께 가야 합니다. 하청기업에 대한 불공정 거래도 근절되겠지요. 또 삼성반도체에서 벌어진 백혈병 사건 같은 일이 재발하지 않게 작업 환경을 개선해야죠. 노동자가 기업 경영에 참여하도록 제도화하고요. 지역 경제와의 상생을 위해 문어발식 확장은 그만하고, 미래 혁신 산업과 생태 친화적 산업에는 장기적으로 투자해야겠죠. 창출된 수익으로는 국민들에게 기본소득 지급하고요.

오준호 김상봉 교수는 『기업은 누구의 것인가』에서 주식회사에는 주인이 있을 수 없으니 주주에게는 배당금을 주고 경영은 노동자가 하자고 제안했습니다. 운영위원장님이 말하는 사회화된 기업에서는 노동자에게 경영권을 주는 것입니까?

금민 100% 노동자 경영은 아니고, 사회적 경영입니다. 기업을 사회적 소유로 하자는 것이니까요. 물론 사회적으로 선임된 경영진과 그 기업의 노동자들이 50대 50으로 가야 한다고 봅니다.

앞서 주주만의 이익을 생각하며 단기적인 수익 창출에 매달리는 주주자본주의에 대해 이야기했는데요, 이와 달리 주주는 물론 노동조합 등 이해당사자 전체의 합의로 기업을 경영하는 방식을 이해당사자 모델이라 하죠. 유럽에서 이해당사자 모델이 최대로 발전한 것이 독일의 공동결정제입니다. 사원들이 이사회의 50%를 차지하고 주주총회에서 선임한 이사가 나머지 50%를 차지합니다. 그런데 찬반이 50대 50일 경우 결정권은 주주총회 이사가 갖습니다. 그리고 공동결정의 대상이 되는 사안이 제한되어 있습니다. 기업의 내부 사안, 그러니까 기업 경영과 사원 복지 정도가 되겠죠.

김상봉 교수는 이걸 100% 노동자 결정제로 가자는 거고요, 저는 사회기금이 대주주가 되어서 경영에 50% 참가하고 50%는 노동자가 참가하는 공동경영으로 가고 결정 대상도 사회적 사안으로까지 넓히자는 생각입니다.

오준호 100% 노동자 경영이 아니어야 하는 이유는 무엇입니까?

금민 공적 통제 때문이죠. 노동자 혼자 경영하면 개별 기업 이기주의가 생길 수 있습니다. 그래서 다른 이해당사자도 참가해야 합니다. 주주가 아니라 사회가 경영에 참가한다는 것입니다.

삼성전자를 삼성전자 노동자들만이 경영한다면 도리어 개별 기업 이기주의에 빠질 수 있습니다. 독일식 공동결정제 모델에서도 노동자 측 이사가 주주들과 함께 회사 이기주의에 매몰되는 문제가 자주 발생합니다. 사회화된 은행이나 사회기금에서 파견한 이사들, 즉 삼성과 관련 없이 사회의 보편성과 일반성을 대표하는 사람들이 50%를 차지하고, 나머지 50%는 그 회사의 노동자 총회를 거쳐 올라온 사람들이 차지해서 함께 경영해야 합니다. 그러니까 50%는 삼성 노동자가 하고 50%는 국민 전체가 하는 겁니다. 보편성과 개별성의 통일을 추구하는 거죠. 반면 지금은 주주, 즉 시장이 100% 경영합니다.

오준호 장하준 모델은 재벌 대기업의 장기적 투자 능력이나 여러 노하우를 인정해 결국 큰 정부와 대기업 중심 체제로 복지국가를 이루자는 내용입니다. 이에 대해서는 어떻게 생각하시는지?

금민 공적 영역이 강화되어야 한다고는 생각합니다. 하지만 그게 꼭 정부여야 하는가, 그건 별개의 문제입니다. 공공성, 공동체의 강화는 제 입장입니다.

대기업 문제에 대해 말하자면, 대기업이 앞으로도 한국 경제의 성장 모델이 되느냐, 이건 별도로 다루어야 할 문제입니다. 일단 지금까지는 대기업이 성장 모델이었지요. 그런데 이 대기업이 공룡이 되면서 생긴 문제를 해결하자는 것이 저의 이야기입니다.

사실 고용 측면에서 보면 중소기업이 70~80%를 차지해 전담하다시피 합니다. 따라서 앞으로는 대기업보다는 중소기업 중심의 혁신적 성장, '하이 로드 경제high road economy'를 선택해 가야 할 겁니다. 하지만 그것과 재벌 개혁은 또 다른 주제지요.

오준호 장하준 교수는 재벌 체제를 해체한 결과가 그리 긍정적이지

않을 수도 있다고 말합니다. IMF 사태 이후 대우차를 분리했지만 GM에
매각되면서 노동자들이 잘려 나갔고, 쌍용차는 분리되어 상하이차에 팔
리면서 기술 유출, 정리해고 등의 문제가 생겨났죠. 그래서 재벌 경영권
을 보장해 줘야 한다는 논리가 나오는데요, 이런 지적은 타당할까요?

금민 전혀 타당하지 않습니다. 대우차나 쌍용차의 문제는 재벌 해체
의 결과라기보다 오히려 재벌 체제가 그런 결과를 낳은 원인이죠. 재벌
들이 경영을 엉망으로 했기 때문에 파산한 거고 계열사가 산산조각 난
거죠. 인과관계를 잘못 본 겁니다.

재벌들이 무너졌을 때 사회화를 했어야 하는데 안 한 것이 오히려 문
제죠. 쌍용차를 사회화했다면 지금과 같은 사태를 막을 수 있었을 겁니다.

오준호 연기금을 사회화 수단으로 활용할 때 일단 10대 기업을 대상
으로 삼을 수 있다고 하셨는데, 그럼 10대 기업을 넘어 30대 기업, 100대
기업에까지는 어떻게 개입할 수 있습니까?

금민 연기금만으로 다 할 수는 없겠죠. 그래서 은행이 채권으로 경
영권을 감독하고 개입할 수 있도록 법 개정이 필요합니다. 사회화된 은
행이 적극적으로 개입하자는 거죠. 미국이 시티은행을 국유화하고 스페
인에서 은행을 국유화하는 것처럼 해야 합니다.

과거에는 우리나라 은행들도 정부가 대주주여서 사실상 국유화한 것
이었습니다. 그런데 김대중 대통령이 다 민영화시켰고, 그 뒤로 노무현
정부 시절에는 외환은행이 론스타Lone Star에게 팔렸죠. 그걸 다시 사회화
하자, 원상회복하자는 것입니다. 그러면 기업이 은행에서 돈을 빌리는

한, 어떤 식으로든 사회적 통제를 받게 됩니다.

오준호 앞서도 국민연금기금 운영의 주체 문제를 잠깐 이야기하셨는데요, 지금도 연금기금운용위원회에 전경련, 민주노총, 한국노총 등이 참여하고는 있습니다. 여기에 참여 주체를 더 넓혀야 할까요?

금민 참여 주체를 넓히고 결정 권한도 높이고 운영을 민주적으로 하는 것도 중요합니다만, 더 중요한 건 목적입니다. 목적을 어디에 둘 거냐? 지금의 목적은 더 많은 수익의 창출인데, 이걸 바꿔야 합니다. 누가 위원회에 들어가든 연기금 운영의 목적을 마음대로 바꾸지 못하게 해야 한다는 것입니다.

사실 민주주의가 사회의 기본 원리이긴 하지만, 사회의 모든 제도에서 민주주의가 항상 옳은 것은 아닙니다. 예컨대 헌법재판소가 보수적이고 문제가 많다고 하니까 헌법재판소 재판관을 선거로 뽑자는 애기가 나오더군요. 그런데 그게 과연 해결책일까요? 새누리당 성향 법관, 야당 성향 법관, 이걸 적절하게 균형 맞춰 뽑는 게 해결책일까요? 오히려 헌법재판소의 목적을 정확히 제기하는 게 더 중요합니다.

제도의 목적을 민주적으로 결정하는 게 핵심입니다. 공익적 목적을 정해 놓고, 제한된 목적 속에서 권한을 위임하는 식이 되어야죠.

탈성장인가 다른 방식의 성장인가?

오준호 『녹색평론』이나 생태운동 쪽에서는 경제가 성장의 한계에 도달했으니 탈脫성장해야 한다는 주장이 높습니다. 금민 운영위원장 역시 최근 한 토론회에서, 탈성장으로 가야 하는지 아니면 생태 친화적 성장으로 가야 하는지 고심해야 한다고 화두를 던지셨습니다. 향후 한국 경제가 유지되고 복지국가를 만들려면 어쨌든 일정한 성장은 불가피하다는 입장도 있고, 환경을 생각할 때 그런 성장에 기댄 복지국가는 허구적이라는 입장도 있습니다. 어떤 입장이십니까?

금민 현재의 경제위기 속에서 성장률은 떨어질 겁니다. 그건 객관적으로 인정할 수밖에 없어요. 한국의 경제성장률이 2%대로 예상된다고 하지 않습니까? 그럼 장기적으로는 어떤 전략을 가져야 하는가, 이게 논점이죠.

저는 탈성장이라고 할 때의 그 뜻에는 동의합니다. 하지만 개념은 틀렸다고 봐요. 탈성장을 말하는 사람들의 참뜻은 현재의 방식에 입각한 성장은 하지 말자는 것이겠죠. 더 정확히 말하면, 공학적으로 자연의 질료 변화를 야기해 환경을 파괴하는 성장을 하지 말자는 것입니다. 여기에는 동의합니다.

그런데 사회경제의 성장이 꼭 그런 공학적 방식으로만 이뤄질까요? 그렇지 않다고 봅니다. 실제로는 여러 가지 사회적 유용성의 창출을 통해 성장이 이뤄집니다. 예컨대 각종 사회서비스가 발전하는 것도 성장입니다. 시장경제 하에서는 암 환자가 많이 생겨 병원 많이 가도 국내총생산으로 보면 성장이 이뤄집니다. 금융자본주의식 성장은 산업의 성장에서 아예 벗어나 있습니다. 생산과는 전혀 무관한 파생상품이 거래되기만 해도 성장률이 올라가니까요. 그런데 이런 성장률이 올라가는 건 사회서비스의 민영화를 뜻하고 공공재의 상품화를 뜻합니다. 돈 없으면 막말로 병원도 못 가고 도서관도 못 가고 학교도 못 간다는 겁니다. 이런 식의 사회서비스 민영화는 국가 해체를 낳고 끔직한 사회를 만들게 됩니다.

사회서비스를 시장화하지 않는 방식으로도 성장하고 발전할 수 있습니다. 예를 들어 사회가 공적으로 제공하는 '돌봄노동'이나 '예술노동'을 더 늘릴 수 있을 겁니다. 신자유주의가 아닌 다른 방식의 사회적 발전을 생각해 보자는 겁니다. 자연의 질료적 변화를 야기하는 공학적 성장의 방식이 아니라, 사회적 유용성과 함께 사회 전체의 부가 성장하는 방식을 상상할 수 있다고 봅니다. 그런 사회적 부가 신자유주의적으로 전유되지 않고 사회적 공공성을 강화하는 방식으로 성장할 수도 있습니다.

오준호 물질적 생산에 기댄 공학적 성장은 불가능하지만 공적 사회서비스를 더 많이 만들어내는 성장은 가능하다는 거군요. 예를 들어 노인 요양 도우미 같은 경우, 지금은 열악한 저임금 일자리라서 문제가 되지만 기본소득이 지급되고 최저임금이 인상된다면 그런 일자리를 찾는 사람도 늘어날 수 있겠네요?

금민 요양 도우미를 공급하는 방식은 공공서비스로 해야 합니다. 어쨌든 실제로 제2차산업이 국내총생산에서 차지하는 비중은 줄고 있습니다. 제3차산업 위주로 가고 있다는 것입니다. 공공서비스를 늘려야 합니다.

그리고 사회생태적 발전 모델을 개척해야 한다고 봅니다. 그 핵심이 에너지 문제인데요, 이미 원자력발전은 안전하지도 않고 경제적으로도 저렴하지 않다는 것이 드러났습니다. 무엇보다 수백 년에서 수천 년 동안 핵폐기물을 따로 관리해야 하지 않습니까? 따라서 우리는 자연재생에너지에 눈을 돌려야 하는데, 이걸 통해 새로운 성장을 도모할 수 있습니다.

인류에게 위협이 되는 원자력발전은 종식시켜야 합니다. 그런데 더 나가서 화석에너지, 핵에너지의 체계를 자연재생에너지, 지역에너지의 체계로 바꾸어야 합니다. 가령 지금까지는 1,000만큼의 에너지를 한 곳에서 생산했다면 이제부터 1만큼의 에너지를 천 곳에서 생산하는 방식으로 바꾸어 그만큼 고용을 창출하자, 이렇게 발상을 전환할 수 있다는 겁니다. 탈핵과 탈성장만 이야기할 게 아니라, 자연재생에너지 중심으로 지금까지와 다른 사회생태적 발전을 이룰 수 있다고 얘기할 수 있어야 합니다.

오준호 개인적으로는 탈성장의 주장에 동의하면서도, 그것이 사회경제적 대안의 측면보다는 개인적 욕망을 버려야 한다는 윤리적 측면에서 이야기된다는 느낌도 없지 않았습니다.

금민 소비는 지금보다 줄여야 합니다만, 윤리적 감성만으로 생태적 전환을 이룰 수는 없겠지요.

태양에너지산업이 전통적인 에너지산업보다 10배 이상, 기존 산업보다 3배 이상 고용 창출 효과가 크다는 애기도 있습니다. 풍력에너지산업도 유망하고, 화학에너지를 창출하는 생물을 이용한 이른바 바이오매스biomass 산업도 유망합니다. 그런데 이 산업들은 초기 투자를 위한 비용이 만만치 않습니다. 일정한 공공투자가 필요합니다. 사회화된 금융을 통해 투자해서, 재생에너지 전문 기업을 육성하는 겁니다. 생산 대기업에 사회적 통제가 되어 있다면 그 대기업의 투자와 노하우를 이용해 전문 기업을 육성할 수도 있겠죠.

어쨌든 원자력발전소를 없애고, 과잉된 에너지 소비를 실제로 좀 줄이면서, 필요한 에너지는 재생에너지산업으로 해결하고, 이 과정에서 고용을 창출하고, 이런 식으로 새로운 사회생태적 성장으로 나가자는 거죠.

오준호　협동조합운동이 자본주의의 대안이라는 주장도 많습니다. 협동조합운동을 지지하는 분들은 더 이상 기존 산업으로 고용이 창출되지 않는 만큼 협동조합에서 새로운 고용을 창출할 수 있고, 또 상품과 화폐가 지역 내에서 순환되며 풀뿌리 경제를 발전시킬 수도 있다고 말합니다. 이에 대해서는 어떻게 보십니까?

금민　비非자본주의경제를 증대시키는 건 신자유주의 이후 사회의 중요한 문제입니다. 협동조합은 중요한 역할을 할 수 있죠. 당연히 활성화시켜야 하고요. 공공 재원을 투입하면서도 당사자들의 자발성이 발휘될 수 있게 세심하게 지원해야겠죠.

다만 협동조합이 신자유주의를 극복하는 핵심이냐, 그렇게까지 보지는 않습니다. 왜냐하면 현실에서 신자유주의의 핵심은 금융에 있기 때문입니다. 또 비정규불안정노동사회에 있고요. 이 금융 문제를 해결하지 않고 신자유주의를 극복할 수는 없죠.

지금 돈이 어떻게 쓰이고 있냐 하면요, 독일의 경우 화폐의 96%가 금융에 들어가 있고 4%가 실물에 쓰인다고 합니다. 전 세계적으로는 3%만 실물에 쓰이고 있죠. 다시 말해 돈이 생활에 필요한 것들을 생산하는 영역이 아니라 약탈적 투기 영역에다만 똬리를 틀고 있는 겁니다. 세계

경제의 97%가 부패되고 있는 거죠. 이 문제 해결 없이 3% 영역에서만 협동조합이 성공하길 바랄 수 있을까요? 그래서 금융 사회화가 시급합니다. 그게 신자유주의 극복에서 일순위입니다. 물론 금융 차원에서도 협동조합운동을 해야겠죠. 지역 금융의 활성화와 신용의 지역 환류 등 대안을 찾을 수 있을 겁니다.

또 하나를 말하자면, 협동조합은 당사자들의 자치운동이지 않습니까? 그런데 사회가 당사자 중심으로만 돌아가게 된다면 국지적 집단에 그칠 수 있습니다. 공적 집단이 없는 거죠. 공적 집단은 정치공동체입니다. 좌파는 협동조합을 통한 자치운동 강화를 이야기하면서 동시에 정치공동체의 강화도 이야기해야 합니다. 일각에서 협동조합운동을 강조하면서 정치공동체의 약화를 말하기도 하던데, 이런 것은 좌파적 전환과 맞지 않다고 봅니다.

오준호 협동조합을 얘기할 때도 공화국 전체의 공통성을 갖추는 문제와 연결시켜야 한다는 말이군요. 알겠습니다.

유럽 재정위기의 해법은 '사회적 유럽'

오준호 유럽의 재정위기에 따른 여파가 전 세계로 미치고 있습니다. 앞서 여러 차례 세계경제의 위기에 대해 말씀하셨긴 하지만 더 구체적으로 진단해 봤으면 합니다. 그리스, 스페인 등에서는 연일 정부의 긴축 재정에 항의하는 격렬한 시위가 벌어지고 있습니다. 이들 국가의 재정위기를 두고 한국의 보수 언론들은 '복지 포퓰리즘' 때문에 망한 거라는 식으로 얘기하는데요.

금민 말도 안 됩니다. 위기는 금융위기에서 시작된 것이고, 금융위기로 인해 재정위기가 따라온 겁니다. 유럽의 위기는 다시 말하면 은행권의 위기라고 할 수 있습니다. 그 은행권이 부도 날 위기에 처하니까 그거 해결하려고 국가가 은행에 재정을 퍼부었죠. 국민의 세금이죠, 그게. 그렇게 은행에 재정을 퍼부으니까 이번엔 국가에 재정위기가 온 겁니다. 재정위기를 막으려고 국가는 구제금융을 받게 되고, 그게 결국 빚이니까 채무위기가 되는 거죠. 돈 빌려 준 유럽중앙은행이나 국제통화기금이 긴축해서 돈 갚으라고 요구한 것이고 그게 복지 삭감으로 이어졌습니다. 예를 들어 노후를 위해 평생 모아 둔 연금이 하루아침에 절반으로 줄었죠.

그리스의 복지 수준이 금융위기 이전에 좀 높아진 것은 사실입니다. 하지만 그것은 경제가 유럽연합EU으로 통합되는 과정에서 '정상적인' 국가가 되면서 조금 늘어난 겁니다. 유럽 수준에 맞도록 복지가 늘어난 것이지 보수 언론이 말하는 식으로 무슨 흥청망청 복지를 한 건 전혀 아니죠. 위기의 원인을 그렇게 돌릴 수 없습니다.

오준호 남유럽의 재정위기는 복지 포퓰리즘이 아니라 은행권의 위기를 국가가 구제하는 중에 생긴 것이라는 말씀이군요. 그러면 유럽에서 은행권의 위기는 어떻게 진행되었습니까?

금민 독일의 예를 들면, 제일 큰 은행 열 곳 가운데 여덟 곳이 무너졌습니다. 그런데 시간이 지나면서 남은 두 개가 쓰러진 은행들을 흡수해 초대형화되었죠. 가령 콤메르츠방크Kommerzbank에 정부가 어떻게 해 줬는가를 보자면, 그 은행 자산의 25%를 정부가 사들이고 나머지에 대해서는 돈을 빌려 주었습니다. 사실 그냥 국유화해도 될 상황이었는데, 정부가 금리 0%로 돈을 대 줬지요. 은행에 무이자로 판돈을 대 주었다고나 할까요? 이런 식으로 거대 은행들이 다른 은행을 흡수했습니다. 이건 시장경제에서도 규칙에 어긋나는 일이죠. 국가의 재정이 금융자본가의 사금고인가요? 이런 방식으로 은행을 구제하니까 문제가 점점 더 커지는 겁니다.

그렇다 보니 국가의 재정위기는 점점 심각해졌고 금융자본은 점점 괴물이 되어 갑니다. 금융자본이 신나게 수탈하다가 어디선가 구멍이 나면 국가의 차입으로 메우고, 그런데 그 돈은 국가가 거의 공짜로 주는 돈이고, 그런데 금융자본이 되살아나면 그 돈을 그냥 소유해 버립니다. 반면에 국가는 금융자본 살리느라 어마어마한 빚을 지게 되고, 그건 국민과 미래의 세대가 갚아야 합니다. 국민은 금융을 통해 수탈당했고, 금융위기 이후에는 국가기구를 통해 수탈당했습니다.

스페인의 경우에는 유럽중앙은행과 국제통화기금이 은행권에 직접 구제금융을 제공했습니다. 그리스에서는 국가가 재정 적자를 감수하면서 은행권을 구제했고, 그 국가를 유럽중앙은행과 국제통화기금이 구제했습니다. 직접이냐 간접이냐는 중요하지 않고 결국 부도 직전의 은행에 돈이 갔다는 게 중요합니다. 그게 결국 국가의 빚이 된 거고요.

오준호 유럽의 위기는 유로존 각국이 환율을 적절히 방어할 수 없어서 발생한 것이다, 이렇게도 볼 수 있지 않을까요?

금민 환율의 효과가 있긴 합니다. 독일이 강대한 수출국인데, 만약 기존의 마르크화였다면 스위스프랑보다 아마도 비쌌을 겁니다. 그런데 그보다 싼 유로화가 있어 수출이 잘 되었죠. 반대로 그리스 화폐인 드라크마는 유로화보다 약한 화폐였습니다. 유로화를 쓰게 되니까 가격경쟁력이 확 떨어졌죠. 만약 그리스가 자국 통화의 가치를 떨어뜨릴 수 있었다면 수출에 유리했을 텐데 그게 안 되니까 독일 물건을 소비하는 시장으로 전락했습니다. 이런 식으로 격차가 발생해서 선진국은 이익을 얻었습니다. 그 이익을 균형정책을 통해 분배할 필요가 있는 것입니다.

하지만 그게 핵심은 아닙니다. 금융자본의 수탈이 유럽 전체에 걸쳐 일어나고 있다는 사실, 유럽 각국이 그 금융자본의 위기를 국가재정으로 감당해 준다는 사실, 그리고 유럽의 인민이 그 빚을 책임지는 방식 등이 유럽에 위기를 가져온 핵심적인 이유입니다. 이 체제가 계속 돌아가는 이상, 유럽에 전망은 없습니다.

오준호 유럽의 상황이 이후에는 어떻게 진행되겠습니까? 또는 위기의 향후 양상은 어떨까요?

금민 파국밖에 없죠. 현재의 방식으로는 파국밖에 없습니다. 지금 유럽에서 자살률이 치솟고 있습니다. 원래 그리스는 유럽에서 자살률이 가장 낮은 축에 속했었는데 지금은 '자살공화국'으로까지 불립니다. 얼마 전에 한 약사가 아테네 도심에서 권총으로 자살해서 난리가 나지 않았나요? 그가 죽은 이유는 연금이 하루아침에 사라지면서 희망도 사라졌기 때문입니다. 지금의 긴축은 정말이지 민중의 목숨을 갉아먹는 긴축입니다.

게다가 이런 식의 긴축재정에도 한계가 있습니다. 금융자본 살리느라 재정을 더 긴축하기는 어려울 것입니다. 결국은 금융자본의 이윤율이 문제인데, 그 이윤율이 1930년대 공황 때보다 더 떨어져 있습니다. 그 금융자본을 국가가 구제해 주는 방식으로는 경제를 지탱할 수 없습니다. 차라리 은행들이 부도 나게 내버려 두고, 주식이 바닥을 칠 때 국가가 은행을 사들여야 합니다. 소액 예금자는 보호해 주고, 금융자본은 국가가 역수탈하는 게 낫습니다.

오준호 유럽 위기의 해법으로 유로존 차원의 강력한 재정 통합이 필요하다는 주장도 있는데요, 재정을 통합하면 사태가 해결될까요?

금민 어떤 재정 통합이냐가 중요하죠. 재정을 강도 높게 통합하면 복지까지 통합하는 겁니다. 그렇게 되면 독일의 복지와 그리스의 복지를 비슷하게 맞추는 정도까지 가죠. 그러나 지금 논의되는 재정 통합은 신자유주의적인 재정 건전성을 기준으로 한 통합입니다. 공동 채권을 발행하고, 상품시장과 서비스시장을 더 개방하고, 어쨌든 유럽 차원에서 건전한 재정을 유지하기 위한 통합에 불과합니다. 국민국가의 재정권을 유럽중앙은행이 할양해서 수탈을 계속한다는 거고, 긴축에 국민국가가 저항하지 못하게 하는 거죠. 신자유주의 유럽을 이어가겠다는 얘깁니다.

오준호 신자유주의 정책 기조를 바꾸지 않는 한 유로존의 재정 통합도 한계가 있을 수밖에 없겠군요. 그럼 이 상황에 대한 좌파의 해법은 무엇인가요?

금민 '사회적 유럽'이죠. 무엇보다 유럽 차원에서의 대대적인 은행

사회화가 필요합니다. 망할 은행은 망하게 하고 그걸 국가가 사들이는 겁니다. 유럽중앙은행이 빌려 주는 돈을 오히려 은행 사회화를 위한 기금으로 활용하는 거죠. 독일과 프랑스가 먼저 자기네 은행을 사들이면 됩니다. 그런데 메르켈 정부 하에서는 정반대로 갔습니다. 민간은행이 국가재정에서 돈을 받아 다른 은행을 인수했습니다. 그러니까 메르켈이 지배하고 있는 유럽에는 비전이 안 보입니다.

유럽 각국에서 좌파가 정권 교체에 나서야 합니다. 각국에서 동시다발적으로 은행 사회화를 실시해야죠. 그리스의 시리자나 독일의 좌파당은 유럽중앙은행의 개혁도 이야기합니다. 유럽중앙은행이 신자유주의 경제정책을 포기하고 사회적 유럽을 위해 금융에 적극적으로 개입하라는 거죠.

오준호 여담이지만, 독일 메르켈 수상이 우파이긴 해도 한국의 신자유주의자들보다는 좌파인 것 같던데요? (웃음)

금민 그런 점이 있죠. 뭐 금융거래세 정도는 메르켈도 주장합니다. 금융거래세는 유럽에서 좌우가 공히 주장하는 거고, 영국만 반대하고 있습니다. 새누리당에서 최근에 파생금융상품거래세 도입을 발의했는데요, 세율이 0.001%입니다. 그런데 유럽연합 집행위원회에서 제출한 안에 따르면, 세율이 증권은 0.1%, 파생금융상품은 0.01%입니다. 유럽이 다 동의하는데 영국의 반대로 실현이 안 되고 있긴 해요. 어쨌든 새누리당의 안보다 10배 더 과세하자는 거죠. 그런데 새누리당은 그마저 2016년 이후로 유예했습니다.

오준호　유럽에서, 그리고 한국에서 좌파가 금융자본주의의 폐절을 위해 행동하자고 주장하셨습니다. 그렇다면 이제 금융이 아닌 실물경제 중심으로 가야한다, 이런 건가요?

금민　그 말은 오해의 소지가 있습니다. 실물경제 중심으로 가야 한다고 하면 생산을 확대하자는 말로 오해할 수 있으니까요. 일자리가 없는데 돈은 돈놀이에 쓰이니까 그 돈을 실물에 투자해서 공장도 더 짓고 하자는 말로 들릴 수 있는데, 제 이야기는 그것과는 다릅니다.

오히려 금융 중심의 확대재생산을 종식시키자는 얘기를 하고 싶습니다. 그게 실물경제 확대는 아닙니다. 실물경제 확대해 봐야 자연 파괴만 재촉할 것이라 생각해요. 금융자본은 안락사 시키고, 노동시간을 혁명적으로 단축해서 일자리 골고루 나누는 세상, 기본소득 나눠 주는 세상 만들어야 합니다.

오준호　사회라는 도화지에 새로운 그림을 그린다기보다 뭔가 새로운 여백을 여는 것이라고 이해할 수 있겠군요.

금민　어차피 생산은 충분하고, 일자리는 지금 일하는 사람들이 절반의 시간만 일하면 골고루 나눌 수 있죠. 지난 시기의 대량생산, 대량소비의 체제로 가다간 인류 전체가 파멸의 길로 갑니다. 금융자본이 더 이상 수탈할 데가 없어서 황무지 떠돌아다니는 메뚜기떼처럼 하늘에서 우두두 떨어지는 대재앙이 이미 오고 있지 않습니까?

1,100조 원의 가계부채, 장기간 지불유예를 요구한다

오준호 한국의 가계부채 문제가 심각하다고들 합니다. 여야 할 것 없이 대선 주자들은 앞 다투어 이에 대한 대책을 내놓고 있는데요, 구체적으로 왜 문제이고 어떤 해법이 있는지요?

금민 가계부채가 지금 1,100조 원이 넘어가는데, 전체 규모도 규모지만 그것이 매우 가파르게 증가하고 있다는 게 더 큰 문제입니다. 빚을 지더라도 생활이든 사업이든 규모가 커지면서 빚을 갚고 그런 다음에 또 빚을 지는 게 아니라, 빚을 갚기 위한 목적으로 다른 빚을 지고 그 빚을 갚기 위해 또 다른 빚을 지는 식으로 돌아가고 있는 겁니다. 은행에 빌린 돈을 제2금융권에서 빌려서 갚고, 무허가 대출업체에서 또 빌려서 그 돈을 갚는 식이죠. 이자라도 낼 수 있으면 이게 터지지는 않을 텐데, 이자조차 낼 수 없는 순간이 오는 거고 그게 연쇄적으로 일어나면서 폭탄이 터지는 겁니다. 그런데 지금 이자만도 60조 원이 넘어요. 작은 구멍만 나도 문제가 커지죠.

장기간 지불유예가 필요하다고 봅니다. 모라토리엄moratorium이라는 말을 최근 한국에서는 '지급유예'라 하던데요, 저는 그냥 익숙한 '지불유예'라 하겠습니다. 그리스의 시리자도 5년 동안의 지불유예를 주장했습니다. 원금 상환은 물론 이자 납부를 일시적으로 정지시킨다는 거죠. 한국에도 5년에서 10년의 동결, 즉 유예가 필요합니다. 일정 기간 사람들이 빚의 압박에서 벗어나 자기 삶을 정상화할 시간이 있어야 해요. 개인적으로는 경제활동을 위한 체력을 회복하고 사회적으로는 약탈적 금융자본을 안락사시킨 후에 빚을 갚더라도 갚아야 합니다.

오준호 가계부채가 증가한 이유는 아무래도 부동산 투자가 컸기 때문일까요?

금민 2000년대 들어 사람들이 주택 구매로 몰리고 은행이 여기다 대고 부채질을 하지 않았습니까? 빚으로 부동산을 사더라도 집값이 오를 동안은 앉아서 돈을 번 것이고 그땐 이자 부담도 크지 않았죠. 그러다가 부동산 거품이 터지면서 집값의 추락과 함께 이자 부담은 점점 커지고, 급기야 구매가보다 시세가 더 낮으면 그땐 급격히 대출 부실화로 가는 거죠. 거기다 직장에서 내몰린 사람들이 작은 가게라도 하나 열겠다고 상가를 임대했다가 파리만 날리고 망했죠. 자영업자들의 월평균 소득이 160만 원 내외라고 하니, 그걸로 4인 가족이 살아야 한다고 해 보세요. 그밖에도 각종 빈곤형 가계부채가 점점 늘어나는 추세였고요.

오준호 한국에는 총부채상환비율DTI이나 담보인정비율LTV 등 대출과 관련된 조건이 까다로워서 미국의 서브프라임 모기지subprime mortgage 사태처럼 심각하진 않을 거라는 전망도 있습니다만.

금민 은행에는 그런 조건이 있지만, 저축은행 등 제2금융권에 가면 허술하기 짝이 없습니다. 담보 한도를 어기거나 그 밖의 편법으로 막 대출해 줬어요. 예를 들어 5억 원짜리 집이면 4억~4억 5천만 원까지도 대출해 주는 식이었습니다. 금융감독원에 따르면 제2금융권의 부동산담보대출 잔액이 181조 원인데, 그게 전체 대출의 58%입니다. 그러니 문제지요.

제2금융권을 찾아간 사람들은 신용등급이 낮아 은행에서 대출을 받기 힘든 사람들이고, 경제위기가 심해지면 가장 먼저 타격을 받게 될 겁니다. 그 사람들이 이자를 못 내면 대출이 부실화되고, 금융회사가 대출 회수에 나서면 사람들이 어쩔 수 없이 헐값에 부동산을 내놓으면서 집 값은 더 떨어지겠죠. 그러면 부채 상환은 더 어려워지고, 금융회사는 부도 나고, 그 금융회사에 대출해 준 은행도 위기로 가고. 이렇게 악화되어 가는 거죠.

오준호 장기간 지불유예를 해법으로 이야기하셨는데, 탕감은 안 됩니까? 농가 부채를 탕감한 적이 있지 않나요?

금민 생계형 부채는 탕감을 적극적으로 고려해 볼 수 있겠죠. 학자금 대출의 경우에는, 무상교육을 실시하면서 형평성 차원에서 이미 받은 대출도 탕감할 수 있습니다. 그러나 주택담보대출을 탕감하는 건 오히려 문제가 될 수 있죠. 차익을 기대하고 돈을 빌려 집을 구입한 사람에게까지 국가가 집값을 내 주는 꼴이 되지 않겠나요? 공적 기관이 매입해서 임대로 돌리고 임대료를 내라고 하는 것이 적절할 수 있겠죠. 임대료는 부동산의 가치에 따라 다르게 책정하고요. 그리고 장기간 지불유예도 부채 탕감의 효과가 있습니다. 물가 상승을 생각하면 그만큼 부채가 줄어드는 셈이지요.

오준호 가계부채 대책은 다각적이고 세심한 접근이 필요하겠군요. 부채 급증의 원인을 제공한 금융회사에게도 일정한 책임을 물어야 할 텐데요.

금민 그렇죠. 그냥 부채를 탕감한다 하면 국가가 은행에 그걸 보상해 줘야 하는 문제가 생깁니다. 받지 못할 위험이 있는데도 높은 이자로 대출해 준 은행에게, 그런 식으로 가계를 수탈해 온 은행에게, 국가가 돈을 주어선 안 되죠. 은행의 부실채권을 국가가 '안전채권'으로 바꿔 주는 건 아니어야 합니다. 만약 대출 부실의 책임을 물어서 은행에 채권 포기를 강요하는 탕감이라면 찬성입니다. 금융 사회화가 전제될 때 이 문제에도 정책적 선택은 다양할 수 있습니다.

오준호 부도 날 위기에 처한 대기업을 정부가 구제해 줄 때는 어땠나요?

금민 국가가 국민 세금으로 구제금융을 퍼부어 살려 줬지요. 살려 놓으면 기업은 신자유주의 방식으로 계속 경영되고요.

금융 사회화와 함께 가야 합니다. 생계형 부채의 경우에는 담보가 된 자산을 엄밀하게 평가해서, 은행권의 잘못에 대해서는 은행권이 손해를 보게 하는 식으로 탕감해야 합니다. 은행이 이런 상황 알면서 빈곤층을 상대로 장사한 것인데, 그 리스크를 국가가 떠안아선 안 되죠. 무분별한 '빈곤 비즈니스'의 책임은 금융권의 책임이 되도록 하는 것을 원칙으로 삼아야 합니다. 채무자나 연체자에 대한 보호는 또 다른 문제입니다. 전체적으로 지불유예가 맞고요, 도저히 돌려받을 수 없는 부채에 대해 먼저 은행권이 책임지고 떠안게 해야 합니다. 그리고 남은 부실채권은 국가가 해결한다, 이렇게 가야 합니다.

오준호 금융에 대한 이야기를 해 왔는데, 끝으로 금융 공공성이란 무엇인지 설명을 부탁드립니다.

금민 1950년대~60년대 은행자본주의를 원형으로 보자면, 그때의 금융 공공성이란 은행이 돈놀이 안 하고 장래 전망을 따져서 기업이나 개인에게 돈을 꿔주는 걸 말하죠. 금융에서 배제되는 사람이 없도록 하는 것, 돈이 필요한 사람들이 생산적인 무언가를 할 수 있게 도와주는 것, 기본적으로는 이런 것이었죠. 요즘 은행이 돈을 생산적인 곳에 제공하는 것이 아니라 단기 수익을 좇아 돈놀이를 합니다. 그래서 돈놀이 하지 마라, 중소기업이나 지역 경제에 필요한 돈을 제공해라, 하게 되는데, 이게 금융 공공성의 기본적 의미이고요.

그러나 지금의 금융 공공성은 단지 과거의 은행으로 돌아가는 게 아니라 금융을 사회화해서 사회 전체의 목적과 비전에 맞게 자금을 공급하고 운영을 담당하게 하자는 겁니다. 보다 적극적인 의미가 되겠죠. 예컨대 사회적 금융을 이용하여, 충분한 기본소득의 지급, 전 사회적 노동시간 단축, 새로운 노동사회 수립 같은 목적을 이루는 것이 금융 공공성일 수 있을 것입니다.

불안정노동자가 앞장서는 진짜 민주주의를

오준호 앞서 '금융 사회화 – 노동시간 단축 – 기본소득'을 하나의 세트로 말씀하셨습니다. 이는 스토리가 있는 대안으로 보입니다. 그런데 유럽 사회민주주의국가의 역사적 경험에서 확인할 수 있듯이, 좋은 사회정책이 있을 때 좋은 노동사회도 자동적으로 따르는 것이 아니라 좋은 노동사회가 구성될 때 그 힘을 바탕으로 좋은 사회정책이 실현됩니다. 노동삼권의 보장과 높은 노동조합 조직률이 유럽 복지국가를 만든 힘이 아니었겠느냐는 것이죠.

그렇다면 한국에서 여전히 취약한 노동삼권과 낮은 노동조합 조직률에서 벗어나기 위한 대안도 함께 제기되어야 하지 않나 생각되는데, 이에 대한 의견을 듣고 싶습니다.

금민 맞습니다. 그런데 이 문제에 대해서 저에게는 노동조합운동의 일반적 요구들과 별로 다른 요구가 없습니다. 예컨대 '정리해고법'을 없애라든지, 특수고용노동자의 노동자성을 인정하라든지 하는 문제에 저도 완전히 동의합니다.

현행 정리해고제는 너무나 요건이 유연하고, 쌍용자동차 사태에서 보듯이 법률이 정한 "해고를 피하기 위한 노력"이 전혀 이루어지지 않고 있습니다. 사용자는 "긴박한 경영상 필요" 때문만이 아니라 미래의 효율성을 위해서도 해고를 할 수 있고, 심지어 이에 대한 쟁의행위는 무조건 불법이라고 낙인찍힙니다. 십년 이상 회사에 모든 것을 바쳐 일한 노동자에게 느닷없이 '너 나가' 하는데도 그 노동자는 끽 소리 말아야 하나요? 이런 비합리적 법은 철폐해야 합니다. 비정규직이 이토록 급증할 수 있었던 데에는 너무나 쉽게 사람을 잘라 낼 수 있는 정리해고의 역할이 컸죠. 또 실제로는 작업을 지시하면서도 '원청'이 사용자로서 어떤 책임도 지지 않는 사내 하도급 제도, 이것도 반드시 폐지해야 합니다.

다만 저는 불안정노동을 사회 전체적으로 해소하려면 각각의 제도를 넘어 사회 전체의 디자인이 함께 가야 한다고 봅니다. 기본소득을 제가 주장하는 이유는 이 시대의 절박성을 생각할 때 그것이 꼭 필요하기 때문입니다. 신자유주의가 잘 나갈 때는 세계 곳곳에 공장을 짓고 비정규직 일자리라도 늘리면서 어쨌든 호황을 만들었는데, 이제는 그런 방식으로도 호황이 이어지지 않습니다. 공장을 지으려고 해도 물건 팔 시장이 없고, 생태적으로도 한계에 봉착했고요.

지금 노동인구의 절반이 일자리가 없습니다. 아침에 눈 뜨면 일하러 가는 곳이 있느냐, 이런 기준에서가 아니라, 최소한 자신과 가정의 재생산이 가능한 수준의 일자리, 그 사람의 사회적 삶이 정상적으로 돌아가게 해 주는 일자리, 그런 일자리가 다 사라졌습니다. 이런 사회를 바꿔야죠. 노동시간을 혁명적으로 단축해서 예전의 절반만 일하고, 그만큼 일자리를 나누고, 줄어든 노동시간만큼 기본소득으로 보충하는, 그런 사회를 설계해야 한다는 겁니다. 이런 것이 함께 가지 않으면 결국 또 다른 형식의 비정규직이 생겨납니다.

오준호 그런 의미에서, 최근 통합진보당이나 진보신당 등에서 벌어지는 '노동중심성 강화'를 둘러싼 논의에는 개별적인 사안에 대한 입장이나 연대의 호소는 강한 반면에 노동사회 전반의 재구성에 대한 기획은 확실히 부족한 것 같습니다. 그러면 내친 김에 진보정치의 화두인 '노동이 있는 민주주의,' '노동이 있는 진보정치'에 대해 묻겠습니다. 과거 민주노총을 기반으로 한 노동자 정치 세력화를 반성하면서 나온 이야기일 텐데요, '노동이 있는 민주주의'란 무슨 의미라고 생각하십니까?

금민 '노동이 있는 민주주의'는 추상적입니다. 제가 강조하고 싶은 것은 비정규불안정노동사회를 극복하는 민주주의입니다. 바꿔 말하면 민주주의 특유의 활력과 동력으로 신자유주의를 종식시키고 불안정노동사회를 극복하는 것이 필요합니다.

오준호 그것은 민주주의의 힘, 즉 다수의 힘을 바탕으로 신자유주의를 극복하자는 것인가요?

금민 예, 바로 그런 것입니다. 지금 인구의 다수가 누구인가요? 불안정노동자입니다. 그러면 인구의 절대다수인 불안정노동자들이 스스로 정치의 능동적 주체가 되어 자신을 묶고 있는 굴레와 족쇄를 없애는 게 민주주의죠. 1,000만이 비정규직입니다. 6백50만 영세 자영업자 중에 4백만은 비정규직보다 못한 처지에 있습니다. 청년실업자가 백만 명이고, 의사와 능력은 있으나 구직을 포기한 이른바 '실망실업자'가 3백만 명입니다. 정규직노동자도 정리해고로 불안에 떨고 있습니다. 이래저래 하면, 오늘날 자기 직장이 안정적이라고 말할 수 있는 사람은 거의 없다고 봐야 합니다. 절대다수인 불안정노동자들이 이제 더 이상 이 체제로는 안 된다, 다른 사회경제시스템을 만들자, 이렇게 나서는 게 진정한 민주주의입니다.

오준호 다수 불안정노동자들이 자신의 처지를 바꾸기 위해 나서게 하는 것이 민주주의운동의 과제가 되겠군요. 그런 의미의 민주주의운동은 지금까지의 진보정치 기획과 어떻게 다릅니까?

금민 과거의 방식은 노조가 먼저 조직되고 그걸 진보정당이 이용하는 식의 소위 양날개론 또는 분업론이었습니다. 이건 폐기해야 합니다. 정당도 노조에 의존하지 않고 노동자를 조직해야 합니다. 노조도 경제

투쟁만 할 게 아니라 정치투쟁에 적극 나서야 해요. 정치 주체가 되어야 합니다.

그럼 불안정노동자를 어떻게 조직해야 하는가? 두 가지 축에서 봐야 한다고 봅니다. 하나는 지역적 조직의 틀입니다. 또 하나는 이들의 처지를 대변하는 의제를 통한 전국적 틀입니다. 지역과 전국에서 종횡으로 엮어 가야 하죠. 전국적 의제는 앞서 많이 이야기했던 것 같고, 지역 전략이 매우 중요합니다.

오준호 기존처럼 산별 단위나 기업 단위의 노동자 조직화에 머물 것이 아니라, 아예 지역을 단위로 하는 노동조합, 좀 세게 나가면 '지역 유니언샵 노동조합'을 만들어야 하지 않나 생각한 적이 있습니다. 같은 동네에서 월급 받는 노동자들은 자동으로 가입되는 그런 노조 말이죠. 이렇게 하면 피자 배달원이나 식당 종업원처럼 영세 사업장의 노동자들도 포괄할 수 있지 않을까요? 큰 도시에서는 힘들어도 작은 지자체라면 진보적 단체장이 협력한다는 전제 하에 가능할 수도 있지 않을까요?

금민 '지역 유니언샵 노동조합'도 좋겠네요. 그와 비슷하게는 현재의 민주노총 지역본부 체계를 실질적으로 가동하게 하는 방법도 있겠죠. 흔히 전노협이라 부르는데요, 민주노총을 탄생하게 한 주요 조직의 하나인 전국노동조합협의회는 지역별 체계였습니다. 민주노총으로 가면서 산별 체계가 됐죠. 산별과 지역은 양 날개로 가야합니다. 신자유주의 시대에 산별노조를 만들었는데, 신자유주의 시대에 필요한 것은 오히려 지역별 체제를 강화하는 것, 불안정노동자를 조직하는 것입니다. 산별노조는 신자유주의 시대 이전에 어울리는 것이죠. 산별은 신자유주의 시대에는 탄력을 못 받았습니다. 산별 체계가 힘이 없어진 거죠.

오준호 최근 출판한 『좌파당의 길』에서는 '좌파노총'을 언급하셨던데, 그건 민주노총이 그렇게 변화되어야 한다고 말씀하신 건가요?

금민 민주노총의 선언, 강령, 기본과제는 바뀌어야 합니다. 지금의 것은 1987년에나 맞는 애기들입니다. 신자유주의가 15년이나 되어 가는데도 금융수탈과 비정규직이 언급되지 않는 강령과 기본과제를 유지하면 안 됩니다. 아울러 정치 방침도 바꿔야 합니다. 그렇게 된 것을 '좌파노총'이라고 할지 아니면 무슨 다른 이름의 노총으로 할지는 잘 모르겠습니다. 하지만 소위 '민주노조' 시대는 끝났다는 겁니다. 지금까지 조직하지 못한 불안정노동자를 조직하는 노총으로 가야 해요. 현장과 지역으로 가야 합니다.

오준호 진보신당 홍세화 대표께서 현장 노동자가 당 대표도 하고 대통령 후보도 했으면 좋겠다고 하셨다는 이야기를 들었습니다.

금민 노동자면 좋죠. 하지만 노동자면 다냐, 이런 물음도 던져야 합니다. 노조에도 어용노조가 있듯이, 노동자라는 존재 조건이 중요한 건아닙니다. 투쟁하는 노동자, 미래 전망이 확고한 노동자여야 하겠죠. 당대표나 대통령 후보인 노동자가 자신의 과제로서 신자유주의 종식과 극복에 대해 분명하게 인식하지 않으면, 그땐 어찌 해야 하냐는 겁니다. 좌파정당의 후보는 일단 '좌파'의 후보여야 합니다. 노동자 후보면 더좋습니다. 금상첨화죠.

오준호 '아랍의 봄'을 끌어낸 시위가 유럽으로 옮겨 가서는 스페인의 '광장 시위'로 이어졌습니다. 또 이 시위는 미국 월스트리트 '점령 시위'로 이어졌고요. 스페인의 청년과 노동자들은 실업, 채무, 의료, 교육 등 문제 전반에 대해 "지금 당장 진짜 민주주의를!"이라고 외쳤다고 합니다. 이때의 '진짜 민주주의'란 무엇일까요? '가짜 민주주의'도 있다는 말이기도 할 텐데.

금민 인민들에게 투표권 한 장만 있는 민주주의라면 '가짜 민주주의'입니다. 민주주의democracy란 데모스demos, 즉 다수가 지배하는 것입니다. 경제활동에서는 다수이지만 정치적 영향력은 0에 가까운 불안정노동자들, 그들이 실질적인 삶의 조건을 획득하고 그로 인해 대한민국의 진정한 주권자가 되도록 하는 것, 그것이 '진짜 민주주의'입니다. 달리 말하면 신자유주의를 없애는 게 '진짜 민주주의'입니다.

한국정치
삼분지계를
말한다

04

한국 정치 삼분지계三分之計를 말한다

북한을 어떻게 볼 것인가

오준호 이번에는 남북 관계, 한반도 평화, 통일을 주제로 얘기를 나눠 보겠습니다. 북한 김정은 국방위원회 제1위원장의 행보가 거침이 없습니다. 최고 실세였던 리영호 인민군 총참모장을 해임하자, 과거 김정일 국방위원장의 선군정치와 어느 정도 거리를 두는 것 아니냐는 예측을 불러일으키기도 했습니다. 배급제를 상당히 수정하면서 계획경제를 일정하게 포기하고 시장경제를 받아들이는 것인가 하는 분석도 있었습니다.

북한의 사회경제체제가 어떻게 변화할 것이라고 보시나요?

금민 1990년대에 북한은 '고난의 행군'이라 불리는 시기를 거쳤죠. 식량난에 수많은 인민이 굶어죽기도 했고요. 구조적으로 북한은 선군정치先軍政治에 입각하여 국내총생산 가운데 상당 부분을 국방비로 지출하고 있죠. 약 25%일 것입니다. 한국은 2.8% 정도입니다. 물론 절대 규모에서는 한국이 월등하게 많지만요. 이러한 기형적인 국방 주도 경제가 식량난의 중요한 원인일 거고, 또 수해와 같은 자연재해도 많았고, 미국의 봉쇄 정책도 있었고요.

북한 경제체제는 매우 경직되어 있으면서, 소위 '우리식 사회주의', '주체 사회주의'에 입각하고 있었습니다. 그런데 아사자가 속출하면서 북한 경제 내부에 조금씩 변화가 시작되었는데, 대표적으로는 '장마당 경제'가 활성화되었습니다. 북한 주민들이 배급제에서 탈피하여 장사, 무역, 각종 영리활동을 시작한 겁니다.

위기를 맞은 북한에서 한편으로는 우리식 사회주의에 입각한 선군정치가 등장했고, 또 한편으로는 장마당 경제가 등장했다는 것입니다. 선군정치란 군을 우선하겠다는 건데, 이게 과거에 있었던 국방을 중심으로 발전하겠다는 노선과 무엇이 다르냐? 결국 국가가 하는 역할을 군부와 평양에 제한한 것이라고 보면 됩니다. 그 나머지는 사회주의가 거의 아니게 되었습니다. 장마당 경제가 돌아가니까요. 국가가 평양과 군부를 제외하고는 부양할 수 없게 되어 버린 겁니다. 결국 배급을 군인과 평양에만 시행하겠다는 것이 선군정치죠. 1990년대 이전의 선군정치가 국방 공업 중심으로 사회 전체를 발전시킨다는 계획이었다면, 2000년대의 선군정치는 군인들 먹여 살리는 걸로 바뀌었습니다.

오준호 사회주의국가 내부에서 권력 중앙은 선군정치에 의해 운영되고 실제 사회경제는 자본주의 시장을 통해 돌아가는 형태가 된 거네요.

금민 장마당을 막을 수는 없었죠. 국가가 인민의 경제를 책임지지 못하니까요. 농업에서는 장마당을 일정하게 인정하는 것을 넘어 소유관계의 변화까지 나타나고 있습니다. 한편에서는 그런 상황을 예외적인 것으로 보고 다시 '주체식' 사회로 돌아가자는 움직임도 있었습니다. 그런 갈등이 김정은 체제 내부에도 반영되었던 것이 최근의 사태입니다. 여러 정황을 볼 때, 김정은은 개혁과 개방을 기조로 삼고 가게 될 것으로 보입니다. 경제가 한계에 도달했기 때문에 그 낙후성을 개선하려면 자본주의 요소에 문을 열지 않을 수 없겠죠.

오준호 그런데도 남북 관계가 크게 개선될 전망은 별로 보이지 않습니다.

금민 북한의 변화는 한반도 전체에 확실히 영향을 주게 될 겁니다. 그리고 그로 인해 중국과의 관계가 훨씬 밀접해질 것으로 보이고요. 하지만 남북 관계에서는 동북아의 군사문제가 기본적으로 중요합니다. 이 문제의 변화를 별도로 생각할 수 없습니다.

북한이 내부적으로 개혁과 개방을 용인하고 자본주의경제를 받아들이느냐 하는 것과 남북 관계의 변화는 별도라고 봐야 해요. 북한이 시장경제를 채택하더라도 남북 관계의 문제는 경제체제만의 문제가 아니라 중국 대 미국의 문제, 남한 정권 대 북한 정권의 문제이고, 군사문제입니다. 이걸 차기 정권이 어떻게 푸느냐가 중요하죠.

오준호 북한이 경제적 어려움이나 위기로 인해 체제 붕괴로 이어질 것이라는 예측이 늘 있지 않았습니까?

금민 그런 예측은 늘 있었죠. 하지만 미국의 봉쇄 정책이 북한에 기아를 가져와도 체제가 무너지진 않았습니다. 경제 문제가 붕괴의 조건을 만들 수는 있겠지만, 북한은 오랫동안 고립된 '벙커 국가' 잖아요. 그런 국가가 경제 문제만으로 쓰러지지 않는다는 걸 이제는 인정해야 합니다. 주민 대다수는 그런 어려움을 국제 봉쇄 때문이라고 생각하죠. 아무리 정권이 잘못해도, "미제의 포위 압살 책동" 때문이라고 생각하는 사람들이 다수라면, 또 정권이 문제의 원인을 그렇게 외부에 돌리는 게 먹힌다면, 경제위기만으로 체제가 붕괴될 거라고 가정하기는 어렵습니다. 또 중국이 북한이 무너지지 않도록 수혈해 줄 것이고요.

오준호 김대중 정부의 '햇볕정책' 과 노무현 정부의 '포용정책' 이 한 시대를 대표했고, 반면 이명박 정부는 '대결정책' 으로 일관해 왔습니다. 이들 정책들을 평가한다면?

금민 일단 대결정책은 옳지도 않고 효과도 없습니다. 좌파의 원칙은 한반도 평화체제 수립입니다. 그런 점에서는 김대중 정부, 노무현 정부와 크게 다르지 않습니다. 문제가 되는 것은 북한이라는 국가의 성격, 핵무장, 인권, 이런 것이겠죠.

한반도 평화체제 수립이 긴급한데, 북한 핵은 여기에 도움이 안 됩니다. 따라서 핵을 해소해야 하고, 핵을 폐기하기 위한 조건은 남쪽이 만들어 줘야 합니다. 북미 관계를 개선하게 한다든지 하는 거죠. 이명박 정부는 그런 노력은 전혀 없이, 일단 핵을 먼저 폐기하라고 녹음기처럼 반복했습니다. 이건 보수 지지층 결집을 위한 선동이지 외교적 개입이 전혀 아닙니다. 이명박 정부는 한반도 외교에서는 특히 철저히 무능했습니다.

반면에 어떻게든 핵을 폐기할 조건을 만들려고 했던 게 김대중 정부와 노무현 정부의 외교적 목표였습니다. 여기까지는 좌파가 그 두 정부의 기조와 같을 수 있습니다. 그러나 북한 내부의 문제를 대하는 태도, 한반도 평화체제 이후의 비전 등에서는 차이가 납니다.

오준호 북한 내부의 문제를 보는 시각에서 어떤 차이가 발생하는 건가요?

금민 좌파가 한반도 평화를 중심에 둔다 할 때, 그렇다면 북한의 인권 문제, 북한의 민주주의 등등에 대해 무조건 침묵해야 하는가, 그렇게 생각하지 않습니다. 3대 세습이나 탈북자 인권 말살과 같은 문제는 받아들일 수 없다고 이야기할 수 있어야 합니다. 보편적 인권의 가치에 입각할 때 그렇지 않나요? 문제는 그게 북한의 주권에 대한 과도한 개입이나 간섭이 되느냐 하는 건데, 저는 그렇지는 않다고 봅니다.

해서는 안 되는 것은 무력 개입이죠. 그리고 내정간섭에 준하는 개입은 안 되죠. 그러나 이데올로기를 통한 간섭, 이런 간섭은 북한이 정통성 있는 나라라면 어느 정도 견딜 수 있어야 합니다. 북한이 지나치게 봉쇄된 사회여서 견디지 못하는 것이지, 이 정도의 입장 표명은 주변 국가들의 당연한 권리입니다. 북한의 3대 세습에 대해 침묵하라는 것은 그냥 입 다물고 인정하라는 게 되잖아요? 내부로 쳐들어가는 것도 아닌데 그 정도 말은 할 수 있고 또 해야 한다는 겁니다. 인권 문제도 마찬가지고요.

오준호 무력 개입이 아니라면 북한의 정치체제나 주민 인권의 문제에 대해 적극적으로 말을 해야 한다는 말씀이군요.

금민 여기서 우선 북한이 우리에게 무엇인가를 확실하게 정할 필요가 있습니다. 한국의 국가보안법에 따르면 북한은 반국가단체입니다.

오준호 대한민국 헌법에 따르면 아직 수복되지 않은 영토로 되어 있죠. 언젠가 수복되어야 하는.

금민 헌법은 좀 다른 문제입니다. 일단 국가보안법에서는 반국가단체입니다. 그러나 제 입장은 북한은 독립된 국가라는 겁니다. 그걸 인정하자는 거죠. 헌법재판소 판례에 '북한 이중성 이론'이라는 것이 있습니다. 북한이 한편으로는 평화통일의 당사자고 다른 한편으로는 반국가단체라는 게 요지인데요, 저는 이 이중성 이론을 극복해야 한다고 봅니다. 북한은 한편으로는 독립된 국가고 다른 한편으로 대한민국과 통일해야 할 상대방입니다.

헌법에는 북한에 대한 규정이 따로 없고, 제3조에서 대한민국의 영토를 한반도와 그 부속도서라고 밝힙니다. 대한민국의 주권이 미치는 지역에 북한의 영토도 포함된다는 것이죠. 그렇게 보면 헌법상의 영토를 실효적으로 지배하는 집단인 북한을 반국가단체라 볼 수 있겠죠. 하지만 헌법의 전문에는 "평화적 통일의 사명"이 적시되어 있습니다. 반국가단체와의 평화적 통일이 어떻게 가능할까요?

오준호 그렇다면 평화적 통일의 지향을 밝힌 전문과 영토 조항은 모순 아닌가요?

금민 평화통일에 대한 언급이 있는 한 헌법을 기준으로 북한을 바로 반국가단체로 볼 수는 없습니다. 그렇다면 영토 조항은 뭐냐? 통일 이후 대한민국의 영토 범위를 선포하는 걸로 봐야겠죠. 대한민국은 평화통일의 범위를 한반도와 부속도서로 생각하는 거고, 북한은 평화통일이라는 헌법적 지향에 따라 통일의 상대방 국가, 그러니까 지금은 독립적인 국가가 되는 거죠. 대한민국 헌법이 통일 이후 체제에 대해 대한민국의 기본 질서가 적용되는 것을 내비치고 있다고 할 수는 있습니다. 하지만 헌법이 북한을 반국가단체로 봤다고 해석하긴 어렵지요.

오준호 북한을 독립된 국가로 보면, 인권이나 내부 정치에 대해 어떤 식으로든 개입할 명분이 더 사라지는 건 아닌가요?

금민 어떤 국가를 독립국가로 보는 게 그 국가의 행위를 무조건 정당하다고 인정해 주는 것이냐? 그 둘은 무관하죠. 사담 후세인이 지배하던 이라크 정부에 정당성이 있느냐, 무바라크가 지배하던 이집트 정부에 정당성이 있느냐, 이런 문제입니다. 그렇다고 이라크와 이집트가 독립국가가 아닌 것은 아니죠. 미국이 유엔의 동의도 없이 이집트나 이라크에 자국 군대를 데리고 쳐들어가면 침략이 되는 겁니다. 우리는 북한의 국가적 성격을 부정할 수 없습니다. 국제적으로도 유엔에 가맹한 국가이고, 우리 헌법도 북한이 국가임을 부정하지 않습니다. 중요한 것은 북한의 국가적 성격을 인정해주는 게 현재 북한 체제의 정당성을 인정하는 것과 무관하다는 것을 이해해야 한다는 것입니다.

오준호 그런데 방금 이야기하신 규정들은 이 시대에는 우파도 공공연하게 부정할 수 없는 사실 아닙니까? 북한이 독립국이라는 건 암묵적으로라도 인정할 수밖에 없을 것 같은데요.

금민 일반인들에게는 상식이죠. 그러나 여전히 국가보안법이 존재하지 않습니까? 국가보안법의 반국가단체 규정에 따른 감시, 탄압, 처벌이 아직도 횡행하고 있죠. 그것이 대한민국 내부의 진보적인 발언들을 질식시키는 것도 문제이지만, 또 반대로 '진보세력' 내에서 국가보안법을 이유로 북한에 객관적 잣대를 적용하지 못하는 것도 문제입니다.

앞서 새누리당 박근혜 후보가 통진당 국회의원에게 국가관을 밝히라고 한 문제에 대해 이야기를 나눈 적이 있습니다. 박근혜 후보의 그런 발언이 바로 국가보안법에 바탕을 둔 공격입니다. 다른 한편, 통진당의 이른바 구당권파는 이런 말이 나오면 국가보안법이 있어서 말할 수 없다며 자기 생각을 숨깁니다. 국가보안법 뒤로 숨는 거죠.

오준호 통진당 구당권파는 남북문제를 악화시킬 발언은 절대로 해서는 안 된다는 입장입니다. 3대 세습, 인권, 핵무장 어느 것에도 뚜렷한 입장을 내놓지 않습니다.

금민 잘못된 거죠. 상대가 독립된 국가라고 해도 인류의 보편적 시각에서 인권에 대해 문제를 제기할 수 있고, 또 국가간 관계에 심대한 영향을 주는 핵무장에 대해서도 비판해야죠. 무력을 쓰자는 게 아니라면 그건 어느 정당이나 할 수 있는 일입니다.

오준호 경제적 불이익을 준다든가 하는 식으로 압박을 할 수는 없나요?

금민 그렇게 되면 고통 받는 건 인민입니다. 인민에게 벌칙을 주는 게 되죠. 너희가 못 견디겠으면 너희 정권 타도하라는 식인데, 그래서 타도된 정권이 있나요? 오히려 더 똘똘 뭉칠 가능성이 커지죠. 좌파가 집권 세력이라면, 인민의 피해를 최소화하면서 효과를 거둘 수 있는 방법들이 더 많이 있을 겁니다. 교류의 조건으로 인권 개선을 요구한다든가.

지금 우파가 진보세력에게, 북한 인권의 문제가 이렇게 심각한데 왜 침묵하느냐는 얘기를 많이 합니다. 그러면서 대북 식량 지원에는 반대하고요. 하지만 북한 인권의 실질적 개선을 위해서는 인내를 가지고 단계적으로 접근하는 것이 필요하다고 봐요. 인권의 출발점은 식량권입니다. 우선 먹고 살아야 되잖아요? 그래서 인도적인 경제적 지원을 해야 하는 겁니다. 인권에 필요한 두 번째는 평화권이에요. 남쪽이건 북쪽이건 전쟁의 고통에서 해방되어야 하죠. 세 번째가 자유권입니다. 자유권이 좁은 의미의 인권입니다. 그리고 자유권 문제는 앞의 두 문제가 해결되어 있다면 북한 주민이나 사회단체와의 협력을 통해 해결을 위한 운동을 시작할 수 있습니다. 반면 한국의 우파가 하는 것은 남쪽에서 일방적으로 하는 거죠. 국민의 세금을 지원받는 단체들이 그 돈으로 북에 풍선 날리고 삐라 뿌리고. 이런 방식은 성공할 수 없어요. 그들은 좌파가 북한 인권에 침묵하고 있다는 식으로 말하면서, 어쩌면 남쪽의 반인권적 현실에도 침묵하라고 강요하는 셈입니다.

오준호 국가인권위원장으로 재임명된 현병철이 지난 임기에 제일 열심히 한 일이 '북한인권운동'이었죠. 쌍용차 사태나 용산 참사에 대해서는 철저히 침묵했으면서 말이죠.

금민 현병철은 남쪽의 인권에 대해서는 침묵하는 정도가 아니라 앞장서서 침해했습니다. 2010년 말에 중증장애인들이 장애인 인권 개선을 요구하며 국가인권위원회에서 농성했을 때, 현병철은 엘리베이터 가동도 중단하고 난방도 끊고 식사 반입도 막았어요. 그 와중에 중증장애인 활동가 한 분이 병원에 실려 갔고 이듬해 목숨을 잃지 않았습니까?

도대체 국가기관이 엉뚱한 일을 하고 있어요. '북한인권위원회'입니까? 인권위가 북한인권법 만들자고 하는데, 그 법은 실제 북한 주민의 인권을 향상시키는 것과는 무관합니다. 극우 반북 단체를 지원하는 법이죠. 앞서 말했지만 북한의 인권을 말하는 우파의 문제는 북한 인권을 빌미로 남쪽의 인권이나 노동권에 대해 침묵을 강요하는 것입니다. 우리는 북한보다 상황이 나은데 뭐가 불만이냐, 이런 거죠.

오준호 좌파가 보편적 인권을 추구하는 차원에서, 논평 발표를 넘어서는 노력을 해야 하지 않겠습니까? 휴전선 가서 삐라와 돈을 넣은 풍선 날리는 행동은 아니어야겠지만.

금민 좌파는 북한 인권에 침묵하지 않습니다. 오히려 지금은 우파에게 왜 남쪽의 인권에 침묵하느냐고 말해야 합니다. 더 나아가 북한 인권이 근본적으로 개선되려면 우선 한반도 평화체제가 수립되어야 하기 때문에, 좌파는 그에 대해 적극적으로 입장을 표명하고 있죠. 사실 한반도 상황을 최악으로 만들어 놓은 이명박 정부가 북한 인권을 말한다는 것 자체가 코미디 아닙니까?

한반도, 평화외교를 넘어 통일외교로

오준호 평화체제 수립을 목표로 할 때 한반도 외교정책은 어떻게 전개되어야 할까요?

금민 평화체제 수립에 있어서는 북한과 미국의 관계, 이른바 북미관계가 핵심이죠. 북핵 문제가 한반도 평화에 가장 민감한 이슈일 테니까요. 미국은 북핵 문제를 지렛대로 삼아 동북아에 개입하려 하는 당사자입니다. 북한은 비핵화 협상에서는 미국의 골칫거리이지만, 반대로 미국이 동북아에 언제든 개입할 수 있게 해 주는 빌미이기도 합니다. 북한은 미국에게 이 두 가지 다죠. 그래서 평화체제 문제를 해결하려면 미국과 북한 양 당사자를 설득하는 일이 중요합니다.

그런데 여기까지가 '평화외교'라고 하면, '통일외교'로까지 나아가는 것이 우리의 목표입니다. 대한민국 정부와 정당들이 평화외교는 해 왔습니다. 비록 성공하지는 못했지만 말입니다. 그러나 적극적으로 통일외교를 전개하진 않았습니다. 좌파는 평화외교에 더해 통일외교까지 해야 합니다. 국민 대다수는 여전히 평화통일을 원하고, 또 평화통일은 헌법상의 지향이기도 하죠.

오준호 평화외교를 넘어 통일외교로 나아가자, 그것이 21세기의 한반도 정책이 되어야 한다?

금민 그렇습니다. 통일 문제에서는 미국보다는 오히려 중국이 더 당사자라 할 수 있습니다. 중국도 남북 평화체제는 찬성합니다. 따라서 평화적으로 관리되는 남북한 체제일 것이냐 평화통일 체제일 것이냐, 이건 민감한 쟁점이 될 수 있죠. 평화통일 체제로 가려면 중국의 협조가 관건입니다.

김정일 국방위원장 사후에 중국이 북한에 식량과 원유를 막대하게 지원했다는 것이 언론을 통해 밝혀졌습니다. 곤경에 빠진 북한 경제를 중국이 지원하는 건 중국이 남북한 평화체제를 원하기 때문이죠. 중국이 볼 때 북한은 미국이 주도하는 중국 포위 전략을 완충해 주는 지역입니다. 지금 미국은 한미일 삼각동맹 체제를 강화하고, 여기에 인도와 필리핀까지 끌어들여서 중국 포위 전략을 짜고 있죠. 한국 정부가 열심히 그 뒤를 따라가고 있는 거고요. 중국이 바라는 건 남북한이 어쨌든 현상태를 유지하면서 중국에 대한 위협을 줄여 주는 것입니다. 그렇다면 중국이 과연 남쪽과 북쪽의 통일을 원할까? 통일이 되면 더 큰 위협을 느낄 가능성이 크죠. '통일한국'이 철저한 친미 국가가 될 수 있으니까요.

일단 한미동맹만 놓고 보면, 현재 한미동맹의 범위는 한반도인데, 전략적 유연성 어쩌고 하면서 주한미군의 활동 무대가 넓어지고 그에 따라 한국군의 활동 반경까지 커지는 단계로 가고 있습니다. 그러니까 한미동맹의 제1단계는 전통적으로 한반도 역내 문제의 동맹이었고, 부시 정부부터 진행된 제2단계는 주한미군이 세계 전략에 동원되는 것이었습니다. 노무현 정부 시절 미군 기지를 평택 대추리로 이전한 게 그런 맥락에서 벌어진 일이죠. 한미동맹 제3단계인 이명박 시대에는 한국군 역시 미국의 세계 전략에 따라 여기저기 끌려가는 수순을 밟고 있습니다. 제3단계에 들어가면 나토처럼 미국의 계획에서 거의 벗어날 수가 없게 됩니다. 절대로 그건 해서 안 되죠. 작금의 제2단계 역시 주한미군의 주둔 목적을 제1단계 당시처럼 북한에 대한 억지력 수준으로 낮추어야 합니다. 그리고 그 억지력은 통일이 이루어지면 사라져 줘야 하는 거죠. 주한미군의 주둔 목적을 명확하게 1953년 상태로 되돌려놓아야 해요.

오준호 중국은 일단 미국의 압박이 완충될 수 있도록 남북한이 평화적 체제를 유지하기를 바랄 것이라는 건가요? 그리고 한반도 전체가 친미 국가가 될 가능성이 크므로 '통일한국'을 반대할 것이고요?

금민 그렇죠. 그래서 중국은 기본적으로 북한이 유지된 상태에서 남과 북에 별도의 정책을 취하려 할 것이고, 한반도 통일을 지원하려 하지 않을 겁니다. 중국이 통일을 지원하게 하려면 통일한국이 중립국이 된다는 보장이 있어야 할 겁니다. 북한 핵 폐기하고 미군 철수하고 한미일 삼각동맹 체제 해소되면서 통일한국이 중립국이 된다면, 중국도 받아들일 수 있을 겁니다.

집권당이라면 이 문제를 중국과 담판해야 합니다. 중국이 북한에 가지고 있는 이권을 포기하면 그 대신 통일한국은 중립국이 되겠다, 이런 교섭이 필요하겠죠. 또한 미국에 대해서는, 우리가 중국 편이 되려는 것이 아니라 동북아의 균형자 내지 조정자로 있을 거다, 이렇게 설득해야 합니다. 이러한 외교가 적극적인 통일외교인데 아직 제대로 추진한 정권이 없죠.

오준호 미국과 중국 양측 어디에도 편향되지 않는 중립국의 수립, 이를 전제로 통일외교를 전개한다는 것이군요. 오히려 미국이 반대하고

나설 것 같은데요? 우리 요구 안 받으면 미국 너희와 안 놀고 중국에 붙
겠다, 이렇게 해야 할까요?(웃음)

금민 그래서 통일외교를 펴려면 먼저 중국과 담판하고 그 다음에 미
국을 설득해야 할 겁니다. 중국에게는, 통일한국 수립이 한미동맹의 연
장선에서 육지 국경을 맞댄 친미 국가가 들어서는 게 아니라는 것을 설
득해야 하겠죠. 미국은 동북아에서 현재 이익을 더 많이 분점하고 있는
상황이므로, 통일한국 구상에 중국보다 더 반대할 겁니다. 통일한국이
중국의 이권을 보장하는 중립국이 아니라는 것, 그리고 중국이 북한을
함부로 조차한다든지 하는 일을 못하게 하고 지금 중국이 북한에 대해
갖고 있는 경제적 이권도 포기하게 만들 계획이라는 것, 이런 얘기를 미
국에게 해 줘야겠죠. 먼저 중국의 양보를 끌어내고 그것을 바탕으로 미
국과 협상해야 합니다.

중국이 그럼 뭣 때문에 양보를 하겠느냐? 지금처럼 분단된 체제를
관리하느라 중국이 밑도 끝도 없이 비용을 대는 일이 없어질 거라고 설
득해야 합니다. 한국과 같은 강력한 경제력을 지닌 나라가 자칫 계속 친
미화할 가능성이 사라지고 남북 대립 때문에 동북아 군비가 계속 늘어
날 위험성이 사라지면, 중국은 통일한국을 승인할 것입니다.

물론 이러한 협상은 평화체제가 일단 어느 정도 수립된 이후에야 가
능할 것입니다. 하지만 이런 장기적 전망이 없으면서 한 민족이니까, 헌
법에 있으니까, 경제적으로 도움이 되니까, 따위를 이유로 통일의 당위
만 떠든다고 문제가 해결되지는 않을 겁니다.

오준호 중국과의 적극적 외교가 진행되어야 북핵 문제 해결에도 진

전이 있겠지요?

금민 중국이 한반도 평화문제에 대해 더 적극적인 이해관계를 갖고 북한의 핵 보유에 대해 강하게 압박할 수 있는 환경을 조성해 줘야 합니다. 지금 북핵 문제가 더 악화되지 않고 있는 것도 중국이 어느 정도 견제하고 있기 때문입니다. 그런데 우리가 한미일 동맹으로 중국을 자꾸 자극하면 중국이 북한의 핵을 견제할 유인 역시 줄어들게 되죠.

오준호 첨예한 갈등을 빚고 있는 제주의 강정 해군기지에 대해서도 방금 말씀하신 문제가 연관이 되겠군요. 강정 해군기지는 노무현 정부부터 이명박 정부까지 이르는 밀어붙이기 식 국방 정책의 대표적 케이스가 아닐까 싶습니다. 천혜의 자연환경을 파괴해 군사기지로 만든다는 점, 그 추진 과정에서의 비민주성, 반대하는 사람들에 대한 폭력적 탄압 등 문제가 한두 가지가 아닌데요.

금민 강정 해군기지는 미국의 기항지가 될 것입니다. 그것도 보통 기항지가 아니라 이지스함과 같은 구축함이나 핵을 탑재한 군함이 드나드는 기항지죠. 그런데 미국이 이 기항지를 어디에 쓸 것이냐? 중국 포위 전략의 일환으로 활용할 것이 뻔합니다. 기항지 숫자를 늘리고 아시아에 해군을 증강하는 게 미국의 세계 전략입니다. 게다가 한미동맹에 따라, 구체적으로는 소파SOFA, 즉 주한미군지위협정에 따라 미군은 기지 사용료를 한 푼도 물지 않아도 됩니다. 그리하여 제주 해군기지는 한국이 미국의 전략에 적극 동참하겠다는 의지로 비칠 것이고, 중국은 상당히 불편해할 것입니다. 중국이 통일외교의 관건이 되는 마당에 우리가 그런 짓을 한다는 건 아예 북한과 통일 안 한다고 선언하는 거나 마찬가지입니다. 아예 헌법에서 평화통일 조항 삭제하는 게 나을 것입니다.

지금 제주 기지를 찬성하는 사람들은 중국의 해상 압박을 막아야 하고 이어도 분쟁에 대비해야 한다고 말하고 있는데, 이건 사태를 완전히 거꾸로 보는 겁니다. 오히려 제주 기지 건설의 움직임이 중국을 자극한 것이고, 행동에 나설 빌미를 준 것이죠. 게다가 한반도 통일을 점점 더 어렵게 만들고 있는 것이고요. 그런 사람들에게는 통일 생각이 없는 겁니다.

오준호 한반도 통일이 중국에 부담이 될 수 있기 때문에 중국을 잘 설득해야 한다는 말씀, 잘 알겠습니다. 그렇다면 통일이 동북아에 어떤 긍정적 효과를 줄 수 있는지 말해 줘야 할 텐데요.

금민 한반도 통일은 동아시아의 구도를 바꿀 것입니다. 지금은 중국이 해양 세력에 포위당하고 있는 꼴이지 않습니까? 미국과 중국을 축으로 한 양대 진영 체제 또는 신냉전이라고 할 수 있지요. 이게 이 일대의 군사적 긴장감을 부추기고 평화의 로드 맵 실현을 어렵게 하고 있습니다.

통일한국이 수립되면 동북아가 양대 진영으로 구성되지 않게 됩니다. 정립鼎立이 가능해집니다. 한자를 보면 알 수 있듯이 정립이란 솥발처럼 셋이 함께 벌려 선다는 뜻인데, 세발자전거를 떠올리면 될 것입니다. 중국이라는 대륙 세력, 미일의 해양 세력, 통일 한반도, 이 셋이 공존한다는 것입니다. 이때 중립적인 반도 세력은 지정학적으로 균형추 노릇을 할 수 있습니다. 중국 입장에서 매우 긍정적인 일이고, 미국 입장에서도 쓸데없이 중국과의 관계가 격화되는 것을 막아줄 수 있습니

다. 이런 관계 안정을 바탕에 두고 미래지향적인 동북아 공동체를 구상
해 볼 수 있겠지요. 경제 규모로 보나 정치적 리더십으로 보나 우리가
충분히 감당할 수 있는 역할입니다.

오준호 그렇다면 한반도 통일은 내적으로, 즉 남북한 민중에게 어떤
긍정적인 효과가 있을까요?

금민 경제적으로 보면 경제 규모가 확대되는 거죠. 대한민국 입장에
서 보면 약 2천5백 만의 인구가 추가되는 거니까요. 현재 한국은 세계에
서 전기를 가장 많이 소비하는데, 인구밀도만 놓고 볼 때 최고의 수출국
이기 때문입니다. 내수에 기반을 둔 사회로 가려면 적어도 남북을 합친
수준의 인구는 되어야 하겠죠. 통일한국이 내수 기반 사회로 전환된다
면 에너지 소비도 그만큼 줄어들겠고, 더 중요하게는 사회 전체의 구매
력 향상이 중요한 정책적 목표가 될 겁니다. 그것은 기본소득 또는 복지
로도 연결되죠. 물론 이 과정에서 자본가들이 신자유주의를 확대시키지
못하도록 조심해야겠죠.
　　다만 독일의 경우에서 보았듯이 '내부 분단'의 문제는 여전히 발생
할 수 있습니다. 베를린장벽이 사라졌어도 내부의 경제적 격차가 여전
히 컸던 것을 그렇게 부르는데요, 이로 인해 극우주의자들도 생겨났습
니다. 한국에서도 벌어질 수 있는 일이라 봅니다. 양상은 다르다 해도
말입니다. 따라서 완전한 통일까지는 차근차근 경제통합의 수순을 밟아
가는 게 필요합니다.

오준호 동독과 서독의 통일은 너무 급작스럽게 발생해서 여러 난제

를 불러일으켰죠.

금민 독일 통일 과정에서 제일 복잡했던 문제는 소유권 문제였어요. 제2차대전 후 구(舊) 동독에서 서독으로 도망친 사람들이 많았는데, 동독 정부는 그들의 땅을 몰수했습니다. 통일된 후 두 정부가 만나서 그 토지를 어떻게 할 것인지 논의했습니다. 도망친 사람들이 옛날 땅을 찾으러 올 테니까요. 콜 서독 총리와 모드로프 동독 총리가 만났는데, 서독의 요구로 현금 대신 현물로 보상해 주기로 했습니다. 통일 과정에서 막대한 재정이 필요하니까 아예 서독에 살고 있는 원래의 주인에게 알아서 찾아가라고 한 거죠. 그럼 그곳에 살고 있던 동독 사람은 어떻게 되겠습니까? 또 누가 원래 주인인지 분쟁도 많이 생겼습니다. 세 명이나 네 명이 나타나 권리를 주장하는 경우도 있었고요. 이런 분쟁이 생기게 되면 그곳에 기업이 투자하지 않습니다. 땅을 사서 공장을 지었다가 주인이라며 나타나면 곤란해지잖아요? 통일 이후 서독과 동독의 격차가 빨리 해소되지 않았던 데에는 이런 이유도 있는 겁니다.

오준호 흡수통일의 방식에서 생긴 문제인가요? 만약 남한과 북한이 합치게 되면 남한 사람이 북한에 두고 온 땅 찾겠다며 땅문서 들고 나타날 수 있겠네요?

금민 사실 흡수통일이라 해도 그런 문제는 정치적 결단을 통해 해결할 수도 있었죠. 모드로프가 나중에 인터뷰한 걸 본 기억이 나는데, 기독교민주당의 총리, 말하자면 기독교 신자가 설마 그렇게 악랄한 사기를 칠 줄 몰랐다고 하더군요.

모병제가 대안인가

오준호 군대 문제에 대해 이야기해 보죠. 평화주의 신념을 따르자면 군대를 없애자고 해야겠지만, 국민국가 차원에서 군사력을 완전히 포기하기란 쉽지 않습니다. 코스타리카처럼 상비군이 없는 나라도 일부 있긴 하지만요. 2011년 기준으로 한국의 국방 예산은 세계 12위입니다. 국내총생산의 2.8%이니 결코 적다고 할 수 없는데요, 국방 개혁에 대해선 어떻게 보십니까?

금민 좌파는 전 세계적 군축을 이상으로 생각하죠. 그리고 한국에서 군이 정치 질서를 파괴한 역사나 그 밖의 구조적 문제까지 생각했을 때, 비대한 육군이 있어서 한국에 좋은 게 뭐냐, 그 젊은이들을 끌고 가지 않을 수는 없느냐, 이런 걸 생각해서라도 군대는 감축해야 할 겁니다. 지금 병력은 너무 많습니다. 게다가 현대의 군제는 사람 숫자보다는 무기 체제가 중요하겠죠. 그래서 군 현대화에 원론적으로 찬성합니다.

일각에서 모병제를 대안으로 제시하기도 하는데, 그게 꼭 그런지는 의문입니다. 가난한 집 자식들만 군에 가게 된다든지, 특별히 비상식적인 애국심을 가진 사람들만 군에 몰려 극우 집단이 될 가능성이 있지 않겠습니까?

원칙에서 보자면, 모병제는 공화주의에 어긋납니다. 원래 공화제는 국민개병제이고, 무장한 시민 집단이 시민군을 형성하죠. 하지만 그런 고전적 공화주의가 낳은 폐해도 큽니다. 근대 공화국이 일으킨 참혹한 전쟁은 무수히 많습니다.

그렇다면 사실상 모병제와 같은 효과를 낳은 개병제가 옳다고 봐요.

국민의 의무 중에 국방의 의무가 있습니다. 그런데 국방이 총을 드는 식으로만 달성되는 것이 아닙니다. 집총執銃만이 국방의 의무라면, 결국 '비장애 남성 국민'의 의무일 뿐이겠죠. 결국 폭넓은 사회복무제, 이른바 대체복무제를 도입함으로써 실질적인 모병제로 가는 게 맞겠지요. 개병제 폐지하고 모병만으로 군대를 유지한다? 그건 너무 시장적 발상이라고 봅니다. 민간 군사회사와 다를 게 별로 없잖아요? 그렇게 되면 월급을 마련하는 문제도 심각할 것입니다.

오준호 모병제인 미국의 군대에서 저소득층이나 소수 인종이 차지하는 비율이 사회 전체에 비해 무척 높다는 이야기가 있습니다. 국방을 사회적 약자에게 떠넘기는 것이 아니냐, 이런 비판도 많다고 하더군요.

금민 자율적인 선택에 입각한 사회복무제를 도입해서 집총할 건가 안할 건가 각자에게 선택권을 주면, 모두가 국방의 의무를 분담하면서도 집총만을 숭배하지는 않게 되는 방향으로 발전할 수 있을 겁니다. 왜 총 안 들고 다른 거 하려고 하냐고 묻지 말고, 집총과 집총 아닌 사회복무의 기간을 다르게 하면 됩니다. 전체적으로 현재보다 기간을 단축할 필요도 있으니, 집총은 1년, 집총 아닌 사회복무는 1년 6개월 정도가 어떨까 합니다. 사병 월급도 현실화할 필요가 있고요.

소수자 인권, 공존과 차이를 넘어 새로운 '우리'로

오준호 앞서 북한 인권 이야기가 나왔을 때 묻고 싶었는데 이제야 기회가 났네요. 인도의 간디는 소수자에 대해 어떻게 대하는지 보면 그 사회의 수준을 알 수 있다고 말했습니다. 우리 사회에서 장애인, 성 소수자, 청소년, 이주민 등 소수자의 인권이 어떤 수준에 있다고 보시나요?

금민 사실 '보편적 인권' 이라는 것은 다수자 민주주의를 공격하면서 등장합니다. 민주주의 이전에는 자유주의인데, 자유주의 입장에서는 수적 다수를 차지하는 빈민들이 사회를 좌지우지할 수 있다, 견제가 필요하다, 그렇게 생각했죠. 입헌주의적 발상이라 할 수 있겠죠. 결국은 다수 인민들도 사회에 융화가 되어서 입헌적 민주주의 형태로 완성됩니다.

이에 대해 진정한 소수자들이 등장합니다. 이 소수자는 숫자는 적어도 힘도 있고 사회적 영향력도 있는 그런 사람들이 아니라, 힘도 없고 영향력도 없고 숫자마저도 적은 그런 사람들이죠. 그들이 처음 한 얘기는 우리도 같은 사회구성원이다, 우리도 인간이다, 그러니 우리도 남들이 누리는 걸 누리게 해 달라, 그런 것이었습니다. 입헌적 민주주의의 논리와 자유주의의 논리를 사용한 것이죠. 그것이 소수자 인권운동의 시작입니다. 장애인 인권운동, 여성 인권운동, 청소년 인권운동, 성 소수자 인권운동이 되는 거죠. 여성도 교육받고 싶다, 청소년도 투표하고 싶다, 장애인도 버스를 타고 싶다, 이런 것입니다.

인권운동은 보편적 운동입니다. 그런데 이것이 발전하면 이제는 차이에 입각한 운동이 됩니다. 이미 같은 사회구성원임을 인정받은 다음에는, 우리는 좀 다르다, 차이를 인정해라, 이런 요구로 나가게 되죠. 지금 서구에서는 거기까지 발전하고 있습니다. 한국은 보편적 인권운동과 차이의 인정 운동이 과도기적으로 함께 가고 있고요.

오준호 소수자 운동이 보편적 인권운동에서 차이의 인정을 요구하

155

는 운동으로 가고 있다고 했는데, 혹시 그 다음 단계도 있습니까?

금민 소수자들이 자신의 기본적이고 보편적인 권리를 획득해 가는 과정이 한 축에 있고요, 자신의 고유성을 억지로 해체하지 않고 드러내면서 행복을 추구해 가는 과정이 또 한 축으로 있습니다. 그런데 이 두 축의 과정이 더욱 발전하면 이제는 '새로운 우리'를 형성하는 운동이 될 수 있습니다.

처음의 보편적 인권운동에서 여성도 인간이다, 장애인도 인간이다, 성 소수자도 인간이다라고 할 때는 '우리'가 좁은 의미입니다. 달리 말하면 '국민'인 거죠. 그 속에 다 포함되는 겁니다. 일단 이렇게 편입되고 각각의 영토가 확정되면서 국민으로서 공통성이 생긴 다음에는, 좀 다르니까 인정해 달라며 구획을 분리합니다. 여기까지는 앞서 이야기했지요? 그 다음으로는 그러한 차이를 지닌 개별자들을 새로운 '우리'로 규정하는 단계, 더 넓은 인권의 지대를 형성하는 단계로 나갈 수 있을 겁니다.

오준호 보편성과 고유성을 발전시켜 새로운 우리를 형성한다? 구체적으로는 어떻게 가능할까요?

금민 성 소수자의 예를 들자면, 성 소수자도 인간이니까 부당한 차별을 금지한다, 이게 제1단계가 되겠지요. 그리고 제2단계에서는 그 차이를 인정해서 동성 결혼을 인정합니다. 너희만 결혼하냐 우리도 결혼하고 싶다, 이런 요구를 받아들여 차이에 따른 결혼 방식을 인정해 주는 거죠. 이렇게 되면 기존 질서에 변화가 일어납니다. 이제 제3단계에서는 고정된 결혼 제도 자체가 바뀌어서 개인 간의 자발적인 결합 일체를 인정해 주는 단계로 갈 수 있겠죠. 여기까지 가면 성 소수자가 더 이상 소수자로 여겨지지 않게 됩니다. 그야말로 새로운 '우리'가 형성되는 겁니다.

장애인의 예를 들어 볼까요? 이 경우에는 운동의 진전이란 사회를 구성하고 있는 신체에 대한 정치, 곧 바디 폴리틱스body politics 체제가 바뀌는 걸 말합니다. 예컨대 지금은 교통약자를 위해 일부 버스를 저상버스로 운영하고 있는데, 앞으로 모든 버스가 저상버스가 된다든가, 또 장애인이 원하는 모든 시간에 활동보조서비스를 무료로 제공받을 수 있게 된다든가 하면, 장애인이 소수자라는 인식이 서서히 없어지고, 그야말로 장애인과 비장애인의 인식적 구분이 생기지 않는 상황이 올 것입니다. 다른 나라들도 아직 그렇게까지는 가지 못했지만, 좌파로서 저는 그런 해방적 전망까지 가져야 한다고 봅니다.

인권운동은 돈 있고 교양 있는 성인 남성들이 자기들끼리 모든 걸 결정한다며 장막을 쳤던 시절에, 가진 것 없고 배운 것 없고 심지어 신체적으로 건강하지도 않은 비非남성들이 배제를 뚫고 그 안으로 진입하는 운동이었습니다. 그 다음 단계에서는 자신의 고유성을 획득하는 운동이 되었습니다. 그 다음 단계에서는 새로운 '우리'를 만드는 상승 운동이 됩니다. 한국에서는 아직 제1단계와 제2단계의 운동이 진행 중인데, 그 운동을 장차 제3단계까지 밀어붙이자, 이렇게 생각해요.

좌파정치는 '현실정치' 다

오준호 어째서 진보정치는 소수파에 머물까요? 자기 생계를 내팽개

칠 정도로 헌신적인 활동가들이 있는데도 말입니다. 혹자는 진보정치의 과도한 이념적 순결성 또는 도덕적 강박 때문이 아니냐고 지적하기도 합니다. 그런 강박 때문에 다른 정치 세력과의 연합이나 통합에 부정적이고, 그래서 대중성을 얻지 못하는 것 아니냐, 이런 말도 뒤따라오죠.

이에 대해 이야기하기 전에, 『정치의 발견』에서 박상훈 박사가 소개하는 막스 베버Max Weber의 견해에 대해 얘기를 들어보고 싶습니다. 잘 아시겠지만, 베버는 정치가에게 신념윤리뿐만 아니라 책임윤리도 요구합니다. 신념윤리가 어떤 내면의 기준에 충실한 것이라면, 책임윤리란 자기 행위의 결과에 대해 책임지는 것이라 하겠죠. 베버는 정치가라면 남들보다 책임윤리에 더 강해야 한다고 봅니다. 권력에는 악마적 속성이 있으니, 정치가는 고결한 구도자여서는 안 되며 이 악마적 속성과 때로는 손을 잡기도 해야 한다는 건데요, 이런 주장에 대해 어떻게 생각하시나요?

금민 베버가 말하는 정치가의 직업윤리가 중요한 것은 맞습니다. 하지만 윤리라는 것 자체가 고정적이지는 않다는 점도 생각해야 합니다. 무엇보다 그 윤리가 다루고 있는 정치가라는 대상 자체가 시대마다 엄청나게 다릅니다. 정치가의 인물 유형도 달라졌고, 정치에 입문하기 전의 직업도 많이 달라졌습니다. 신자유주의 이전과 이후가 또 다릅니다. 아울러 정치를 수행하는 방식도 달라졌습니다. 고전적 정치 이론의 관점에서 정치가의 윤리를 이야기하는 건 일단 한계를 가진다고 봅니다.

신자유주의 이전의 정치가라면, 거의 '전인全人'이라고 보면 됩니다. 문화적 교양, 철학적 교양, 역사적 교양, 이런 게 있어야 했습니다. 우파 정치가라면 더욱 그렇습니다. 윈스턴 처칠을 보세요. 노벨 문학상을 탄

역사학자잖아요? 그 정도는 됐어야 했습니다. 그런데 로날드 레이건? 배우 출신입니다. 뭔가 시대가 다르다는 겁니다. 레이건은 신자유주의의 개막자죠. 정치가 예능화하고, 예능이 정치화하는 시절의 상징입니다. 이때의 정치가와 신자유주의 이전 정치가는 사실 격이 다릅니다.

요즘 좌파의 글이 너무 어렵다는 비판이 있습니다. 노동자들이 알아먹을 수 있게 글을 쓰라고 합니다. 그런데 과거 독일 사민당이나 영국 노동당 시절 정치가들이 쓴 팸플릿 한번 읽어 보세요. 무지무지하게 어렵습니다. 노동자들이 그걸 열 번씩 읽었어요. 그렇게 읽는 것이 교양하고 학습하는 과정이었지요. 그런 팸플릿이 나왔다 하면 수백만 부씩 나가 동이 났습니다. 노동자들이 요즘 그런 팸플릿 보면, '이거 뭐야, 잘난 척하네?' 이러면서 읽지 않습니다.

정치를 행하는 방식이 달라진 거죠. 우파의 방식이 많이 달라졌습니다. 윈스턴 처칠 같은 문무를 겸비한 사람이 정치하던 시대에는, 전쟁 나면 장군이고 대단한 외교가이기도 하고 글 쓰면 노벨 문학상 타는 그런 사람들이 정치가였습니다. 그런데 지금 우파 정치인이 그런 사람인가요? '예능 선수'죠. 그러니 거기에 대응하는 좌파정치 역시 바뀌었어야 했습니다.

정치 행위를 구성하고 있는 사회적 조건을 떠나서 정치가의 미덕이 뭐고 덕목이 뭐고 하는 논의는 보편타당성을 갖기 어렵습니다. 베버 얘기는 그 당시 정치가에 대한 것이죠.

오준호 그렇다면 이 시대에는 정치가를 평가할 기준이 없다는 말인가요?

금민 물론 베버가 말한 것처럼 정치는 결국 결과로 책임을 집니다. 그런데 결과에 책임진다고 해도, 그 결과라는 것은 시대적 상황과 조건에 따라 너무나 다르게 해석될 수 있는 거죠. 예컨대 레이건은 신자유주의를 도입해 1980년대의 호황기를 창출했습니다. 그러나 장기적인 안목에서 볼 때 과연 인민에게 도움이 되는 것이었는지, 아니면 금융 거품을 일으켰다가 결국 나중에 인민에게 처절한 고통을 안긴 것이었는지, 이렇게 다르게 해석되고 판단된다는 겁니다. 시대적 조건이 어떻게 변화하는지 면밀히 진단하고 그 조건 위에서 무엇이 옳은 정치이며 무엇이 옳은 정치 수행 방식인지 날카롭게 따져야 하죠. 또 정치인이 책임지려는 결과라는 것도 사회적으로 미칠 여파인지 아니면 자신의 권력 유지인지에 따라 평가가 다를 수 있고요.

정치가는 사회적 조건 속에서만 규정됩니다. 과거의 우파 정치가는 거의 귀족정치가였고, 실제로 귀족인 경우가 많았습니다. 그런데 민주정치 시대가 되면서 대중에 의해 선출된 정치가가 정치를 하게 되고 따라서 선출되려면 어떤 행태들이 필요하게 되었습니다. 안철수는 사실 예능 프로그램에서 출마를 선언한 셈 아닙니까? 그런 식이죠. 신자유주의에 의해 민주주의가 상당히 기형적이게 된 거죠. 이것은 극복해야 할 일입니다만, 베버는 이런 선출 과정을 도외시한 채 전통적인 정치가를 기준으로 얘기하고 있습니다. 그래서 좀 보수적이고, 현실의 논의에 별로 도움이 안 되죠.

오준호 현재의 진보정치에 대해 논의하기로 하죠. 진보신당은 '신념에 갇힌 동아리' 라는 비판을 받기도 합니다. 통합진보당 창당 세력들은 진보신당을 향해 현실정치를 모른다고도 합니다. 대중정당이 되려면 보

다 폭넓은 연합 정치를 이해해야 한다는 충고도 있었고요. 그러한 비판
들에 대해선 어떻게 보십니까?

금민　한마디로 매우 피상적인 비판들입니다. 진보정당은 신념윤리
에는 강한데 이렇다 할 사회적 결과를 만들어 내지 못하고 있다, 한마디
로 사회적 영향력이 없다, 그 얘기 아닙니까?

누군가가 자기는 옳았지만 결국 실패했다고 말한다면, 그건 결국 변
명입니다. 변명한다고 뭐가 달라지는 건 아닙니다. 그러나 만약 그가 실
패할 줄 알고도 그 일을 했다면, 그건 좀 다른 문제입니다. 실패할 줄 알
고도 미래를 위해 한 톨의 밀알이 되려는 사람, 가을을 대비하여 파종을
하려는 사람이 있습니다. 그런데 그런 사람에게, 신념윤리만 되바라지
게 강하고 현실에 대해서는 왜 책임지지 않느냐고 비난하는 것이 타당
할까요? 현실의 당대적 과제는 이건데, 예컨대 '반MB'인데, 국민 눈높
이에 맞는 진보정당인데, 너는 왜 폐쇄적 정치 세력에 갇혀서 혼자 놀고
있니, 이런 것이 타당한 비판이겠느냐는 겁니다.

당대의 과제가 무엇인지 먼저 따져야 하는 거 아닌가요? 당대의 과
제가 이명박 정부 교체냐 신자유주의 종식이냐, 이런 걸 따져야 한다는
겁니다. 신념이 옳으니 그르니, 이런 것과는 관계없는 일입니다. 가끔
좌파를 극단적 이슬람주의자들인 탈레반에 비유하며 비난하기도 하는
데, 어떤 좌파정치가도 통진당 정치가들이 비아냥대듯이 윤리적 순결성
에 갇혀 탈레반처럼 정치하지 않습니다.

오준호　인터넷 언론 『프레시안』이 얼마 전 심상정 의원과 독자와의
만남을 기획하고 그 내용을 다룬 기사를 보았더니, 현실정치와 '등대정

당'를 대비시키며 진보신당을 언급하더군요. 아울러 통합진보당 신당권파가 신당을 창당하는 과정에 진보신당 일부가 참여할 것이라고도 말했습니다. 어쨌든 심상정 의원은 진보신당이 기본적으로 현실정치에 대한 감각이나 비전이 없다고 보는 것 같은데, 어떤가요?

금민 도대체 현실정치가 뭐냐, 이것부터 새로 규정해야 합니다. 자기가 하는 것은 현실정치고 남이 하는 것은 탈레반이다? 그건 의젓한 태도가 아닙니다. 좀 더 너른 대중의 바다에 나가서 슬로건 좀 낮추고 국민 동의를 모아 보자, 결국은 이런 얘긴데, 제가 보는 정세와 저의 시대 규정으로는 이건 둑이 터지기 직전인데 그 앞에서 텃밭 일구자는 얘기처럼 들립니다.

현실정치니 대중정치니 하는 당위적인 얘기 말고, 세계공황이 밀려오는 지금 도대체 당대의 과제가 뭔지, 파국을 헤쳐 갈 대안이 뭔지 다 들어내 논쟁하는 것이 옳은 것입니다. 텃밭 가꾸자는 사람 입장에서는 둑부터 고치자고 달려가는 좌파가 너무 급진적이고 황당해 보일 수도 있겠지만, 좌파는 그게 자기에서 현실이기 때문에 그 일을 하는 겁니다. 현실일 뿐더러 너무나 시급하기 때문에 하는 겁니다. 불안정노동자들의 고통을 끝내려면 신자유주의를 종식시키고 기본소득을 지급해야 한다는 겁니다. 상대방의 생각을 존중하지도 않고, 또 정작 자기들은 진지한 대안을 내놓지도 않으면서 상대방을 탈레반으로 취급해선 안 됩니다.

거꾸로 좌파도 순결하게 신념만 지키겠다고만 생각하면 안 됩니다. 그런 순결주의자들은 정치 못합니다. 정치는 연꽃 같은 겁니다. 연꽃이 어디서 핍니까? 진흙탕에서 피죠. 정치의 순결성은 연꽃의 순결성 같은 겁니다. 진흙탕에서 연꽃을 피워내는 것, 그것이 정치입니다. 진흙탕에서 머드 축제하는 게 정치가 아니고요.

정당정치와 비정당정치의 구분을 넘자

오준호 정당정치와 비정당적 운동의 관계에 대해서는 어떻게 생각
하시나요? 정치가 정당 중심으로 진행되어야 한다고 보는 대표적인 이
론가인 최장집 교수나 박상훈 박사에게는 민주주의란 기본적으로 대의
민주주의고 정당민주주의입니다. 이 분들이 보기에 정당정치는 갈등을
제도적으로 관리하는 것입니다. 2008년 촛불시위 때 많은 사람들이 촛
불의 역동성, 거리의 민주주의, 비정당정치 등을 예찬했는데, 두 사람은
이런 분위기가 정당민주주의를 혐오하고 약화시킬 수 있다며 비판한 바
있습니다. 민주주의는 평범한 사람들을 위한 것이니 과도한 이상화는
위험하며, 결국 관건은 국민이 좋은 정당을 선택해 좋은 통치를 하도록
위임하고 견제하는 거란 거죠.

금민 정당은 역사적인 겁니다. 그런데 그 분들은 정당 체제라고 얘
기하면서, 1950년대에서 1960년대에 형성된 전통적인 정당 체제를 이야
기하고 있어요. 그때는 자본주의 황금기이고 케인스주의의 시대였습니
다. 사회민주주의가 널리 확산되던 시대죠. 노동자의 발언권이 강하고
산별노조의 영향력이 강했던 시기, 이렇게 정리할 수 있습니다. 문제는
그때가 근대 민주주의에 있어 아테네와 같은 시대라고 할 수 있다는 겁
니다. 근대 민주주의의 황금기라는 것이죠. 그런 시기가 다시 올 거라고
생각하는 복고적 비판은 아무 소용이 없습니다. 정당이라는 건 현실의
조건 속에서 수립되고, 또 현실의 조건 속에서 수립된 정당은 역사적 수

명을 갖고 있습니다.

오준호 정당은 역사적으로 규정되므로 정당에 대한 일반론은 경계해야 한다는 말씀인가요?

금민 영국에는 보수당이 있기 전에 토리당이 있었습니다. 토리당은 17세기 말에 생겼고, 20세기 초에 보수당으로 넘어가면서 보수당-자유당 양당제가 되었습니다. 여기에 노동자들이 등장하면서 노동당이 끼어든 채로 정치가 진행되었고, 나중에 보수당-노동당 양당제가 되었죠. 독일에서 기민당-사민당 양강 체제가 수립된 것은 바이마르 시대부터 제2차대전 이후까지의 긴 과정의 결과였습니다. 두 당을 기본으로 하고 다른 정당들이 지분을 얻어 들어오는 구조입니다. 이런 걸 보면, 시대가 변화할 때 거기 대응하는 정치적 형태들이 응축되어 나타난다는 걸 알 수 있습니다. 그리고 한번 응축되면 그 시기에는 어느 정도 고정성을 가지게 되죠.

독일사회민주당의 역사를 보죠. 처음에는 노동자계급 정당이었습니다. 사회주의적 지향이 강했고요. 그런데 제2차세계대전 후 1959년에 고데스베르크 강령GodesBerger Programm을 채택하면서 사민당은 국민정당으로 탈바꿈합니다. 사회주의 색깔을 많이 털어냈죠. 기본적으로 노동자 정당의 뿌리는 유지한 채 1960년대 자본주의 황금기에 독일 정치의 한 축을 담당하게 됩니다. 신자유주의 시대가 되면서 기존의 좌파도 '뉴 레이버New Labour'니 '신중도新中道'니 하면서 길을 틀고, 독일사회민주당도 '제3의 길'로 방향을 바꾸게 됩니다. 과거 사민당과 지금 사민당이 같은 당이냐? 같지 않다는 거죠. 정당은 고정되어 있지 않고 시대마다 재규정됩니다. 다만 한번 재규정되면 그 시대 안에서는 지속성을 갖지만 말입니다.

유럽의 '좌파당' 들이 대개 1990년대 말에서 2000년대 초반기에 탄생하는데요, 처음에는 정당이 아닌 방식으로 활동했습니다. 정당민주주의자들의 입장에선, 사민당에서 개혁 운동이나 하지 왜 나와서 정당도 아닌 방식으로 활동하느냐고 물을 수 있겠죠. 이미 제3의 길로 간 사민당이 신자유주의 하에서 노선이 바뀌겠어요? 한번 그 길에 구속되면 그 나름의 일관된 역할을 하게 되는 겁니다. 그때 그 길에 동의하지 않는 세력들은 비정당적 형태로 산개해 있었습니다. 그러다 어느 순간 장외에서 결집하면서 좌파당 형태로 등장한 것입니다. 2005~2006년에 의회 진출 세력으로 떠올랐고, 독일의 경우 10% 지지율을 획득하는 정당이 되었습니다.

오준호 유럽의 좌파당은 도리어 정당민주주의로부터 탈주를 감행했다가 기존 정당 바깥에 있는 대중의 요구와 결합하면서 다시 정당의 형태로 귀환한 것이군요. 그렇게 보면 정당정치와 비정당정치는 확연하게 구분될 수 있는 게 아니군요.

금민 정당 흥망성쇠의 역학dynamics를 다 빼 놓고, 고정되고 질서 정연한 상태의 정당만을 정당의 모형이라고 하는 것은 학자의 서재에나 있는 이론이겠죠. 그런 모형은 실제로는 사민당 백 수십 년 역사에서 기껏해야 20~30년 정도에 해당될 뿐입니다. 그나마 1970년대 이후에는 해당되지도 않고요. 대의제가 만능이고 정당민주주의는 금과옥조라는 식의 얘기에는 정치학의 일반성이 없습니다.

정당은 늘 제도화될 위험이 있으니 비정당정치가 옳다, 저는 이런 얘기에도 동의하지 않습니다. 비정당적 민주주의 역시 새로운 정당을 출현시키기 위한 과도기의 '부글거림'이었고, 역사적으로 필요한 정당은 그 역사적 공간 안에서 탄생되어 왔습니다.

그렇다면 현재 유럽 정치의 지형은 어떻게 재편되고 있는가? 비교적 쉽게 그릴 수 있습니다. 신자유주의를 온존하려는 보수정당들 계열이 있고, 신자유주의의 폐해를 일정하게 시정하려는 사민당 계열이 있고, 신자유주의를 확실히 종식시키려는 10%에서 15%의 블록, 즉 좌파당 계열이 있습니다. 점유율이 같진 않지만 삼분三分되어 있습니다. 이런 구도가 형성된 건 2008년 금융위기 이후입니다.

오준호 신자유주의의 위기가 점점 심해지는 한국에서도 정치 지형이 그처럼 역동적으로 재편될 가능성이 있는 걸까요?

금민 2008년의 '촛불'은 새로운 정치 세력이 태동할 전조였습니다. 촛불 그 자체로 정치 세력을 태동시키진 못했습니다. 하지만 그런 비정당적 에너지를 경계하며 기존 제도정치로 흡수되기만 바라는 건 문제가 있죠. 최장집 교수와 박상훈 선생은 한국 정치가 완성되어 있다고 보는 것 같은데, 실제로는 완성되어 있지 않습니다.

과연 한국에서 양당제가 구조화되어 있다고 볼 수 있을까요? 선거 행태는 양당제인 것처럼 보여도, 국민의 실제적 정치 일상은 그렇게 구조화되어 있지 않습니다. 새누리당과 민주당의 당원이 백만이 넘는다 해도 진성당원제가 이뤄지지 않고 있습니다. 과거 독일 사민당과 같은 정당과는 전혀 다릅니다.

저 1950년대에까지 뿌리를 거슬러가는 보수정당으로 새누리당이 있습니다. 1987년 체제 안에서 수명을 다할, 1987년 체제를 넘어서기 힘든 정당으로 민주당이 있습니다. 이런 틈바구니에서 제3당을 형성하려는 흐름들이 끊임없이 있었습니다. 그리고 '진보정당'이 있었습니다. 그런데 지금 전 세계적으로 신자유주의 공황이 오고 있고, 한국 역시 1997년 IMF 사태 이후 신자유주의에 편입되었습니다.

현재의 국면은 세 개의 역사적 정치 세력으로 재편되어 나갈 것입니다. 새로운 정립鼎立이죠. 앞서 동아시아를 논하면서 말했던 그 정립 말입니다. 하나는 새누리당입니다. 다른 하나는 민주당 및 통진당의 소위 야권연대파입니다. 이들은 1987년 체제의 최종적 수렴이며, 신자유주의의 폐해를 시정하는 방식에 머무를 것입니다. 그리고 셋째는 '좌파정당'입니다.

'진보정당'의 시대는 끝났습니다. 진보정당은 둘로 쪼개져 하나는 1987년 체제로 수렴되고 하나는 신자유주의 종식을 목표로 새로이 등장할 수밖에 없습니다.

오준호 최장집과 박상훈의 정당민주주의 모델은 유럽 자본주의 황금기에나 타당한 것이고 지금과 같은 격동기에는 비정당적 대중운동에 조응하는 새로운 정당 모델이 생겨날 것이라는 말씀인가요?

금민 한국에서는 정당민주주의와 비정당민주주의의 경계라는 것도 불분명합니다. 정당 체제가 고착화된 국가에서는 비정당민주주의 또는 비의회민주주의가 그 나름대로 강하게 고정된 면이 있습니다. 정당이 되는데 상당히 엄격한 '자기 검열'이 있고, 그래서 오히려 정당과 비정당의 경계가 뚜렷합니다. 반면 한국은 그렇지 않습니다. 비정당민주주의가 매우 쉽게 정치화합니다. 박원순 시장 당선에서 보듯이 시민운동도 쉽게 정치화하지 않았습니까? 정당과 비정당의 경계가 한국에서는 매우 약하고, 그건 그만큼 정당 체제가 안착되어 있지 않다는 뜻입니다.

개중에 가장 확실히 안착된 세력은 새누리당입니다. 1953년 체제에 안착되어 60년의 역사를 갖고 있죠. 지금은 많이 약화되었다 해도 통반장, 해병전우회 체제부터 시작하여 막강한 동원 기반을 갖고 있습니다. 민주당 역시 1987년 민주화운동에 뿌리를 두고 있기 때문에 영역이 상당히 넓고 어느 정도 안착되어 있다고 볼 수 있죠. 그럼에도 불구하고 한국을 과거의 유럽과 비교하면 곤란하고, 미국식 양당제와 비교하는 것도 불가능합니다.

다시 강조하지만, 지금 한국의 정당 체제는 새로운 성립기에 있습니다. 새누리당, 야권연대당, 좌파정당. 또는 우파, 중간파, 좌파. 그래서 지금은 좌파에게 매우 중요한 기회입니다.

오준호 지금이 격동의 시기라면 이 시기에 대한 반응이 가장 민감하고 확실해야 하는 게 좌파정당일 텐데, 역설적으로 좌파정당이 아직 국민의 눈에 대안 세력으로 비치지 않는 게 문제인 것 같습니다. 선거제도도 좌파정당에게 우호적이지 않고요.

금민 노회찬 의원이 결선투표제를 제안했습니다. 이번 대선부터 실시하자고 말입니다. 결선투표제, 당연히 해야 합니다. 결선투표는 거의 모든 나라에서 시행되고 있습니다. 미국만 예외고요. 거긴 간선제라서 그렇습니다. 소련 해체의 결과인 신생국들과 남미의 국가들도 다 하죠.

그리고 진보정당들이 오랫동안 요구해 온 독일식 또는 스웨덴식 비례대표제가 있습니다. 이런 것들이 도입된다면 지금보다 훨씬 유리한 국면이 되겠죠. 그런데 새누리당과 민주당이 결선투표제나 완전비례대표제를 받아주겠습니까? 받을 거면 진작 받았겠죠. 그들에게는 지금 같은 단순 다수제가 훨씬 유리하죠. 국민적 압력 없이는 정치 개혁도 안 됩니다. 좌파 세력 스스로 일정한 지지를 획득해야 하고, 그걸 바탕으로 정치 개혁을 확장하자고 할 수밖에 없어요.

오준호 좌파정당이 자신의 위력을 어느 정도라도 보여 줘야 더 유리한 국면을 위한 정치 개혁도 가능하다는 거군요. 그러기 위해 시급히 모아야 하는 세력이 있다면?

금민 1,000만 비정규직의 지지만 받아도 됩니다. 불안정노동자가 지지한다고 하면, 노동자 전체의 지지를 결집할 기반이 되죠. 얼마 전에 민주노총이 통진당에 대한 지지를 철회했는데, 고심 속의 결단이겠지만 이전에도 민주노총은 조직된 노동자 일부의 지지를 받았을 뿐 불안정노동자들의 지지는 받지 못했습니다. 당연히 통진당도 불안정노동자의 지지를 결집시키지 못했고요. 불안정노동자의 지지를 모을 수만 있다면, 조직노동자의 지지를 획득하는 것도 어렵지 않을 겁니다.

한마디 덧붙인다면, 지금 얘기되는 '노동 정치의 복원'이 과거 민주노총과 민주노동당의 관계와 같은 것의 복원이라면 그건 시대착오이고 불가능하고 생산적이지도 않습니다. 거기엔 노동자 다수가 배제되어 있습니다. 민주노총으로 포괄되지 못한 미조직노동자를 포함해 1천만 명의 불안정노동자가 배제되어 있는 노동자 정치, 그건 미래지향적이지도 않습니다. 따라서 좌파정당이 앞으로 민주노총의 지지를 받느냐 못 받느냐는 별로 중요하지 않습니다.

민주노총은 과감한 혁신을 통해 좌파노총으로 전환해야 합니다. 혁신이라기보다는 환골탈태換骨奪胎가 더 적절한 표현일지도 모릅니다. 뼈대를 바꾸어 끼고 태를 바꾸어 쓴다는 환골탈태말입니다. 출범할 때와는 다른 시대가 되었으니 그래야 합니다. 민주노조운동과 민주노총을 위해서라도 그렇게 해야 합니다.

타원형 정당과 동심원형 정당

오준호 좌파정당은 기존 정당들에 비해 더 민주적인 정당입니까? 어떤 내적 질서를 그리시는지 궁금합니다. '타원형 정당,' '동심원형 정당,' 이런 표현을 쓰신 적이 있는데, 그게 어떤 의미인지요?

금민 옛날 정치학 교과서에 나오는 비유입니다. 동심원형 정당이란, 당원이 있고 그 바깥에 핵심 지지층이 있고 또 그 바깥에는 선거 때면 선택적으로 지지해 주는 층이 있는, 그야말로 당의 영향력이 마치 동심원처럼 퍼져가는 구조입니다. 의사 결정, 반응, 당의 메시지의 사회적 전파 등이 동심원 구조 속에서 안으로 수렴되거나 밖으로 퍼져가죠. 선거 때에는 가장 외곽에 있는 선택적 지지층의 동향에 핵심 지지층이 반응하고, 또 핵심 지지층이 당원에게 이야기하고, 당원이 지도부에 이야기하는 식으로 반응합니다. 메시지를 전달할 때는 그 반대로, 돌멩이를 던졌을 때의 파문처럼 여러 동심원을 그리며 전달합니다.

동심원형 정당은 1950~60년대 황금기 정당의 모습이고, 그때는 당에서 출간한 팸플릿 하나를 읽을 때도 그랬고 그 결과를 수렴할 때도 그랬습니다. 당원이 읽고, 그런 다음 핵심 지지층에게 추천해서 그들이 읽고, 더 바깥의 지지층이 나중에 읽게 되고. 반대로 바깥의 지지층이 읽고 난 의견을 안으로 전달해 주는 식이죠.

이와 달리 타원형 정당이란 신자유주의 시대 들어서서 바뀌어 가는 모형입니다. 당원이 아닌데 당에 영향력을 행사하는 이들이 늘어납니다. 자문 역할이랄까요? 그들은 이 당 저 당 왔다 갔다 하면서 굉장한 역할을 하죠. 로비스트나 씽크탱크가 그런 일을 합니다. 그들은 정당 구조 속에 존재하지 않는데도 사실상 정당의 상위 기구 노릇을 합니다.

이렇게 얘기해 봅시다. 어떤 정당에 명망가 정치인이 있어요. 그는 당의 골간 기구보다는 자기만의 의사 결정 체계를 더 중요하게 봅니다. 측근의 의견에 따른 것이죠. 그런데 이 측근은 당과 무관합니다. 당 외곽의 전문가일 수도 있고 후원인일 수도 있고. 이 정치인이 자신의 정치적 계획을 측근이나 참모들에게 묻고 그들의 의견에 따르는 거죠. 민주노동당부터 진보신당까지 다 나타난 행태입니다. 2010년 지방선거 때 심상정 경기도지사 후보가 돌연 사퇴한 것도 당원의 의견이 아니라 참모 집단의 의견에 따른 거였죠. 이런 게 타원형 정당입니다.

정치는 다이나믹하기 때문에 때때로 타원형 정당의 구조가 나타날 수는 있습니다. 그러나 그때마다 다시 동심원 구조를 재구축해야 합니다. 그렇지 않으면 정당의 내부 민주주의는 고사되고 말 것입니다.

오준호 타원형 정당 구조에서는 당원 민주주의가 침해될 수 있겠군요. 반면에 동심원형 정당 구조의 문제는 뭡니까?

금민 동심원형 정당이 너무 중앙 집중적으로 가게 되면 정당정치가 굳어버리게 됩니다. 타원형 정당이 정당정치를 해체시킨다면, 동심원형 정당은 정당정치에 경화증을 가져올 수 있다는 것이죠. 그래서 제도적으로 보완할 필요가 있어요.

정당 활동에는 여러 심급이 있습니다. 일상적 정치 활동도 있고 그보다 중요한 정치 사안도 있겠죠. 이런 것들을 그때마다 중앙을 통해 결정하고 집행하는 건 옳지도 않고 비용도 너무 많이 듭니다. 좀 더 다극화되고 분권화된, 그래서 의사 결정이 유연화될 필요가 있죠.

지역과 부문에 자율성을 부여하여 활동을 강화하는 것이 필요합니다. 더 나아가 대의원들의 지위와 역할을 강화해서, 대의원 스스로 아래로부터 계획을 수립하고 집행하며 중앙에 지원을 요구하는 체계가 이루어져야 합니다. 말하자면, 좌파정당은 동심원형 정당을 기본으로 하면서 분권화된 민주주의가 작동하는 정당이어야 할 겁니다.

오준호 좌파정당의 민주주의는 어떻게 보면 과거 사회민주주의 황금기의 기본 원칙을 복원한다고 할 수도 있겠네요.

금민 그렇죠. 정당은 항상 자기 질서를 강화하는 방향으로 움직이게 됩니다. 그러나 개방성이 있어야 하죠. 외적 충격에 반응하고 안팎의 비판과 평당원의 의견에 개방되어 있어야 합니다.

오준호 계속되는 통합진보당 사태가 그런 개방성의 상실로부터 일어난 게 아닌가 싶습니다. 바깥에서 아무리 문제를 지적해도 구당권파는 국민의 눈높이보다 당원의 눈높이가 중요하다며 혁신을 받아들이지 않고 있는데요.

금민 진성당원제는 진보정당에겐 일종의 자부심이었는데, 악용되면 폐쇄적 정파 구조를 유지하는 수단이 될 수 있습니다. 통진당은 선거에서 자신을 선택한 지지층과 핵심 지지층의 의견에도 전혀 반응하지 않았고, 심지어 자기 당원들까지 배신했고, 중앙의 집행단위가 당의 골간을 좌지우지했죠. 이렇게 되면 안 됩니다. 동심원형 정당은 물결이 출렁이듯이 외부로부터의 압력에 민감하게 반응할 수 있어야 하고, 그런 것이 일상적인 모습이어야 합니다.

오준호 여러 차례에 걸친 긴 인터뷰로 고생하셨습니다. 좌우명이 있다면? 그걸로 마무리하죠.

금민 좌우명은 따로 없습니다. 삶이 말을 하는 것이지 말에 따라 삶을 사는 게 아니기 때문입니다. 제 삶이 무언가 의미 있는 말을 하도록 노력할 생각입니다.

인터뷰를 마치고

1.

인터뷰를 하게 된 동기는 이렇다. 나는 좌파가 배제된 채 박근혜냐 안철수냐로 이미 세팅이 끝난 것처럼 돌아가는 대선 구도가 심히 불만스러웠다.

작년부터 지구에서 벌어진 일을 보자. 중동에서 민중 봉기가 시작됐고, 점령 운동으로 이어졌고, 각국에서 좌파가 정치적으로 약진했다. 그리스 총선에서는 급진좌파연합(시리자)이 순식간에 제2당으로 떠오르지 않았는가? 그런데 한국은 이런 흐름과는 너무나 동떨어져 있다. 유신의 후예 박근혜가 여론조사에서 부동의 1위이고 그 대항마 역할은 '착한 CEO' 안철수에게 돌아가는 것처럼 보이는 상황이었다. 게다가 그때 안철수는 아직 정식으로 출마를 선언하지도 않았다.

이래도 되는 건가? 세계에서 벌어지고 있는 사태는 신자유주의 경제 시스템이 전반적 위기에 봉착했다는 사실을 극적으로 보여 주고 있다. 그리고 이 위기는 정리해고, 비정규직, 가계부채, 실업 등등 다양한 이름으로 한국인의 삶도 공격해 오고 있다. 그런데 한국의 대선 구도는 과연 한국 사회 내부의 붕괴와 첨예한 계급적 갈등을 반영하고 있는가? 기존의 방식으로는 사람들의 삶이 정상적으로 유지될 수 없음을 누구나 직감하고 있는 이때, 한국 정치는 도대체 어떤 대안적 전망을 제시하고 있는가? 이게 제대로 된 민주주의인가? 안철수의 책은 엄청나게 팔렸다는데, 한국에서 진보정당 또는 좌파의 존재감은 있기나 한 것인가?

스스로에게 이러한 질문을 던지고 있던 때, 금민이 쓴 『좌파당의 길』을 읽게 되었다. 그 책은 이제 진보정당의 시대를 마감하자는, 어쩌면 그 책의 최초의 독자들에게 매우 의아할 이야기를 하고 있었다.

그 책의 저자 금민은 한국 정치를 더 이상 진보냐 보수냐가 아니라 좌파냐 우파냐로 가르자고 주장한다. 안철수는 진보냐 보수냐의 구분을 "낡은 프레임"이라 비판하며 "상식과 비상식"이라는 프레임을 제시한 바 있다. 『좌파당의 길』은 이 또한 다른 각도에서 비판한다. 금민이 말하는 좌파는 신자유주의를 끝내자는 세력이고 우파는 신자유주의를 유지하거나 보수하자는 세력이다. 따라서 그러한 좌파와 우파 사이에는 정치적 경계가 그어질 수밖에 없다고 한다. 금민은 다가오는 대선에 좌파가 독자적으로 후보를 내고, 그 성과를 거름으로 삼아 2013년에 본격적인 좌파정당을 만들자고 한다.

나는 금민의 메시지가 한국 정치의 전망에 관한 보다 넓은 지평에서 논의되었으면 했다. 사실 좌파에 대한 한국 사회의 콤플렉스가 유난스런 것일 뿐, 대부분의 국가에서 정치는 기본적으로 좌우의 경쟁이며 실제로 유럽에서 '좌파당'은 무시할 수 없는 정치 세력이다. 독일의 좌파당은 2009년 연방선거에서 11.9%를 득표하여 원내 제4당이 됐다. 금민의 이야기는 훨씬 대중적인 장에서 논의되어 적어도 뜨거운 논쟁을 불러일으켜야 했다. '진보'에서도 비판이 있을 수 있겠지만, 당시와 같은 구도로 대선이 끝나서는 안 된다고 생각했다. 그래서 금민에게 이야기 형식을 빌려 생각을 더 쉽게 드러내 보자고 요청했다.

이 기획은 그렇게 시작되었다.

2.

금민은 지난 17대 대선에 '새로운 진보, 담대한 제안'이라는 슬로건을 걸고 사회당 후보로 출마했다. 또 2010년 은평을 재선거에는 진보신당-사회당 단일후보로 출마했다. 이런 경력에 비하자면 덜 알려진 정치인이다.

금민은 오히려 다른 이유로 더 잘 알려졌다 할 수 있다. 그는 최근 진보세력 사이에 중요한 의제로 제기된 '기본소득'을 대표하는 정치인이다. 금민은 정치 일정과 무관하게 기본소득을 꾸준히 연구하고 설명함으로써 기본소득에 대한 관심을 끌어올리는 데 공헌했다. 금민은 현재 기본소득한국네트워크 운영위원장이며, 기본소득지구네트워크와도 긴밀히 접촉하고 있다. 얼마 전에는 유럽에서 개최되는 기본소득 국제 행사에 기조 연설자로 초청받아 다녀왔다.

기본소득이 무엇이며, 금민이 신자유주의 종식과 불안정노동 철폐를 주장하며 왜 기본소득도 꼭 함께 언급하는지는 금민 자신이 이 책에서 잘 설명하고 있다. 다만 기본소득이 그저 계획과 구상에 그치는 것이 아니라, 나미비아, 알래스카, 몽골, 이란 등 세계 곳곳에서 다양한 형태로 도입되고 있음을 덧붙이고자 한다. 기본소득은 한국의 방송에도 몇 차례 소개된 바 있다.

물론 기본소득에 대한 비판들도 있다. 사람들이 일을 하지 않으려 할 것이다, 재원이 지속적으로 조달될 수 있느냐, 분배 문제를 건드릴 뿐 자본주의 생산구조를 건드리지 못한다, 등등. 나 역시 평소 기본소득에 큰 관심을 가진 사람이었기에, 이번 인터뷰에서 기본소득의 구체적 효과와 함께 이런 비판에 대한 금민의 생각을 물었다. 금민이 말하는 기본소득은 사회적 약자들을 위한 보조금 정책도 아니었고 복지제도의 다소 진보적인 형태도 아니었다. 금민은 기본소득을 훨씬 더 강력한 해방적 무기로 설명했다. 그에게 기본소득은 노동시간 단축, 비정규불안정노동 철폐, 나아가 신자유주의 경제체제 종식을 위한 핵심 전략이다.

금민은 인터뷰 내내 '신자유주의 종식'을 되풀이하여 강조했다. 그는 이 시대 좌파의 과제가 불안정노동자들의 힘을 조직하여 신자유주의를 끝내는 것이라고 한다. 세계경제가 파국으로 치닫는 지금, 신자유주의에서 벗어나 새로운 경제체제로 이동하지 않는다면 사람들이 겪을 고통은 점점 더 심해질 것이기 때문이다. 이런 상황에서 새로운 체제로의 전환이 시작되느냐 대중의 삶이 폐허가 되느냐는 좌파정당의 정치적 역량에 따라 달라질 것이라고 그는 예측한다.

3.

우리는 '사상 최대의 폭염' 속에 홍대 인근에서 만났다. 인터뷰는 한 번에 두세 시간 정도, 약 다섯 차례에 걸쳐 진행되었다. 질문지를 미리 보내긴 했지만 즉석 질문도 많았고, 어떤 주제에 대해 이야기가 길어지면 준비한 다른 주제는 제쳐 둔 채 파고들었다. 이 책이 대선 정국에 부족하나마 의제를 던질 수 있게끔 서두르다 보니, 의욕에 못 미치게 내용이 부족하거나 거칠 수도 있을 것이다.

계절이 바뀌어 가을로 가고 있다. 그리고 곧 겨울이 올 것이다. 겨울에는 대선이 있다. 하지만 여전히 쌍용차 해고자들은 농성장을 떠날 수 없고, 저 밀양에서는 거대 전력 회사가 맨몸의 주민들을 상대로 가공할 폭력을 행사하고 있고, 제주에서는 기지 건설을 둘러싸고 싸움이 벌어지고 있다.

.시대가 이런 판에 정치에 무엇을 기대할 수 있을까? 인터뷰 중에도

종종 회의가 들었다. 하지만 민중의 절박함을 전혀 반영하지 못하는 정치를 그저 내버려두어선 안 된다고 생각했다. 어쩔 수 없이 이 대선이 상당한 기간 동안 한국 사회를 규정한다고 할 때, 우리가 스스로 대안을 찾아야 한다는 마음으로 인터뷰를 끝냈다.

4.

정치가 매우 역동적임을 새감 느꼈다. 인터뷰를 하던 시점과 글을 정리하던 시점 사이에도 상황이 변하더니, 출간을 앞둔 이 시점에서 보니 원고에 담긴 정보의 일부는 상당히 낡은 것이 되어 버렸다. 하지만 인터뷰라는 형식의 속성상 원고를 수정하지는 않았다. 헤아려 읽어 주길 바란다.

이번 대선이 정권 교체나 후보 단일화에 묻히지 않기를 기대해 본다. 저자 금민이 말하는 신자유주의 종식 이후의 사회를 위한 목소리를 이번 대선에서 듣게 되기를 간절히 기대해 본다.

Power of people is stronger than people of power.
(민중의 힘은 힘 있는 자들보다 강하다.)
– 월스트리트 점령Occupy 현장에 등장한 피켓

2012년 10월
오준호

금민

(전) 사회당 대표, 대통령 후보

(현) 기본소득한국네트워크 운영위원장

저서 『사회적 공화주의』(2007년), 『좌파당의 길』(2012년)

오준호

인터넷 언론의 기자로 활동

저서 『반란의 세계사』(2011년), 『소크라테스처럼 읽어라』(2012년) 등

역서 『보이지 않는 주인』, 『나는 황제 클라우디우스다』 등

진짜 민주주의

지은이 | 금민
인터뷰 | 오준호
펴낸곳 | 박종철출판사
주소 | (121-848) 서울시 마포구 성산로2길 29 6층 (성산동)
전화 | 332-7635(영업), 332-7629(편집), 332-7634(팩스)
신고번호 | 제25100-1990-43 (구: 제12-406호)
신고년월일 | 1990년 7월 12일

제1판 1쇄 | 2012년 11월 17일

ISBN 978-89-85022-62-0 03340
12,000원